Klaus M. Becker / Gerhard van Kaick
Leo Scheffczyk / Johannes Baptist Torelló

Heiligung der Arbeit

SINN UND SENDUNG
Band 17
Herausgegeben von Klaus M. Becker

Klaus M. Becker / Gerhard van Kaick
Leo Scheffczyk / Johannes Baptist Torelló

Heiligung der Arbeit

Dokumentation des vierzehnten
Internationalen Priestertreffens
in Deutschland vom 16. bis 18. August 1983
in Köln

Verlag Wort und Werk, Nettetal

Titelbild: Adolf Menzel, „Das Eisenwalzwerk" 1875 (Ausschnitt)
Berlin Nationalgalerie

ISBN 3 8050 0159 2

Druck: Luthe-Druck, Köln

Inhaltsverzeichnis

«Macht euch in dieser Stunde mit neuer Klarheit bewußt, daß Gott euch aufruft, Ihm gerade in den materiellen, weltlichen Aufgaben des menschlichen Lebens und aus ihnen heraus zu dienen. Im Labor, im Operationssaal eines Krankenhauses, in der Kaserne, auf dem Lehrstuhl einer Universität, in der Fabrik, in der Werkstatt, auf dem Acker, im Haushalt, in diesem ganzen, unendlichen Feld der menschlichen Arbeit wartet Gott Tag für Tag auf uns. Seid davon überzeugt: Jede noch so alltägliche Situation birgt etwas Heiliges, etwas Göttliches in sich, und euch ist aufgegeben, das zu entdecken.
Den Studenten und Arbeitern, die ich in den dreißiger Jahren um mich sammelte, pflegte ich zu sagen, sie müßten lernen, das geistliche Leben zu *materialisieren.* Ich wollte sie damit vor der damals wie heute so häufigen Versuchung bewahren, eine Art Doppelleben zu führen: auf der einen Seite das Innenleben, der Umgang mit Gott, und auf der anderen Seite, säuberlich getrennt davon, das familiäre, berufliche und soziale Leben, ein Leben voll irdischer Kleinigkeiten. Nein! Es darf kein Doppelleben geben. Wenn wir Christen sein wollen, können wir diese Art von Bewußtseinsspaltung nicht mitmachen; denn es gibt nur ein einziges Leben, welches aus Fleisch und Geist besteht, und dieses einzige Leben muß an Leib und Seele geheiligt und von Gott erfüllt werden, dem unsichtbaren Gott, dem wir in ganz sichtbaren und materiellen Dingen begegnen. Es gibt keinen anderen Weg. Entweder lernen wir, den Herrn in unserem alltäglichen Leben zu entdecken oder wir werden ihn niemals finden.»

Gespräche mit Msgr. Escrivá de Balaguer, Adamas-Verlag Köln, 1981, S. 169

Vorwort

„In Geist und Wahrheit“ (vgl. Reihe *Sinn und Sendung* Band 16) ist Gott anzubeten. Der Mensch erfüllt den Sinn seines Daseins in der wahren Hinwendung zu Gott, die sich im Gebet ausdrückt, ein Gebet, das nicht allein auf den Akt der Frömmigkeit, der Tugend der Religion, als Sammlung zum stillen oder gemeinsamen Gebet in gewissen, festgesetzten Zeiten beschränkt bleibt, sondern eine ganze Existenz erfaßt und alle Lebensbereiche durchdringt. „Denn es ist nicht notwendig, daß sich die Seele im Augenblick zu Gott erhebt, wenn sie über das Gebet nachsinnt, sondern auch dann, wenn sie mit anderen Aufgaben beschäftigt ist, sich um den bedürftigen Nächsten kümmert, oder sich anderen mehr oder minder nützlichen Tätigkeiten widmet“, so sagt Johannes Chrysostomus und er fährt fort: „Aber bei alldem glaube nicht, ich meinte allein ein Gebet mit Worten“.[1] Das Herz selbst muß bei Gott sein, dann wird alles Tun von jener Liebe beseelt, die das Hauptgebot erfüllt.

Im Jahre 1982 haben wir bei unserem Treffen in Altenberg (vom 25. bis zum 27. Oktober) aus dieser Perspektive einige Aspekte elementarer Spiritualität betrachtet. An diese Überlegungen ließe sich in vielfacher Hinsicht anknüpfen. Die Fortsetzung ist vergleichbar mit dem Dominospiel: es bleibt einer gestaltenden Phantasie überlassen, wie man ansetzt, nur muß der Ansatz stimmen.

Da nun nach Gottes Schöpferplan der Mensch nicht nur bloß zufällig ein Wesen in dieser Welt ist, sondern das Welthafte wesentlich zum Menschsein gehört, ja den Menschen durch die Wirklichkeit seines Leibes als „Geist in Welt“[2], oder besser als *Person in Welt* bestimmt, ist die Überlegung, wie der Mensch seinen Weltbezug Gott gegenüber verantwortlich fassen soll, sicher besonders naheliegend. Ganz abgesehen von der zeitbedingten Aktualität wäre damit das Thema des 14. Internationalen Priestertreffens „Heiligung der Arbeit“ nicht nur eine passende Fortsetzung früherer Besinnung, sondern zugleich eine Vertiefung und Verdichtung dessen, was wir bei voraufgegangenen Treffen betrachtet haben. Hinzuweisen wäre in diesem Zusammenhang auf Thema und Dokumentation „Gott der Heilige und das Heil“ (*Sinn und Sendung* Band 6) mit dem Beitrag von Professor Leo Scheffczyk „Die Heiligkeit Gottes: Ziel und Form des Christenlebens“, worauf das hier vorgelegte Referat „Die Heiligung der Welt — die Aufgabe des Christen“ aufbaut. Eine Reflexion über „Die Heiligung der Arbeit“ führt auch gedanklich weiter aus, was Hans Thomas 1976 in seinem Vortrag „Die Welt als Herausforderung“ und Professor Pedro Rodriguez 1980 mit seinem Referat „Die Welt als sittliche Aufgabe“ (*Sinn und Sendung* Bände 1 und 10) bereits umrissen haben.

Wer schon öfter an unseren Treffen teilgenommen hat, wird merken, daß die Thematik von Jahr zu Jahr in einem Zusammenhang stand.

Die „Heiligung der Arbeit“ als Konkretion der Berufung des Menschen zur Verantwortung für die Welt war mehr oder weniger deutlich, zumindest aber implizit bereits in den vorausgegangenen Treffen und in den Dokumentationen angesprochen, sie war also unter verschiedenen Aspekten bereits immer schon ein mitschwingendes Thema. Dieses Mal soll das Thema expliziert werden. Dazu dienen die folgenden Beiträge.

Anmerkungen zum Vorwort:

1 Johannes Chrysostomus, Supp. Homiliae VI, *De precatione* — PG 64, 462 s.

2 Vgl. Karl Rahner, *Geist in Welt*, Innsbruck 1939; dazu Joseph Siri, *Gethsemani*, Stein a. Rhein 1982.

Klaus M. Becker, Köln

Einführung

Arbeit als Thema der Spiritualität

I. DER HORIZONT

1. *Wertungen der Welt*

„Heiligung der Arbeit" bedeutet — recht verstanden — gerade die Verwirklichung des Weltauftrags kraft eigener Spiritualität. Durch die Heiligung der Arbeit gibt der Christ gemäß dem Willen Gottes der Welt einen positiven Wert. Er läßt die Welt dergestalt einstimmen in das Lob von Gottes Herrlichkeit.

Eine schlechthin negative Wertung der Welt kann sich der Christ nicht erlauben. Er würde sich notgedrungen einer dualistischen Weltanschauung überlassen, wie sie etwa die Manichäer vertraten. Ebenso wenig kann man — zumindest, wenn man katholisch denkt — einen restlosen Verzicht auf jede Wertung der irdischen Ordnungen vertreten. Eine solche Haltung würde die geschichtliche Immanenz des Heils, den Anbruch des Himmelreiches mitten unter uns (vgl. Lk 17,21) kategorisch leugnen und die Welt sich heillos selbst überlassen. Eine Flucht aus der Heillosigkeit der Welt in die reine religiöse Innerlichkeit oder in die „Gesinnung" verfinge sich im Wahn, man vermöchte den Menschen von seiner Verantwortung für die Welt letztlich zu befreien. Ein solcher Versuch reduzierte — schon als Versuchung — die Vorstellung von der Welt und aller irdischen Geschäftigkeit auf eine völlig autonome Infrastruktur, deren Effizienz — zum Beispiel als wirtschaftlicher Erfolg — als äußerliche Zugabe zum prädestinierten inneren Heil des Menschen angesehen[1] oder gegebenenfalls auch als Merkmal des genauen Gegenteils interpretiert werden könnte. Letzteres träfe wohl dann zu, wenn man religiös-ideologisch jene aus anderen Quellen der Seele — den Leidenschaften nämlich — gespeisten Impulse geschichtlichen Handelns zu rechtfertigen suchte, wie uns die Erfahrung mit der „Theologie der Befreiung" oder „der Revolution" anschaulich zeigt[2].

Es gibt noch eine weitere Möglichkeit der Wertung der Welt und der irdischen Wirklichkeiten, ich möchte sie eine „privative" nennen in Anlehnung an den klassischen Begriff der *„privatio"*, einer konkreten Möglichkeit des logischen Gegensatzes. Die Logik unterscheidet bekanntlich zwischen *„affirmatio"*, *„negatio"* und *„privatio"* bei wertenden Aussagen[3]. Die *privatio* stellt zweifellos eine bestimmte begriffliche Wertung dar, die weder inhaltlich negativ ist, noch einfach ihr Subjekt verleugnet. Sie ist ja eine Aussage und nicht der Verzicht darauf.

Diese vielleicht etwas subtile Unterscheidung ist von großer Bedeutung. Jede kurzschlüssige Verwechslung zöge zwangsläufig katastrophale Irrtümer nach sich und schlimme praktische Folgen.

Die *privatio* hebt nicht dialektisch auf, sie leugnet nichts, sie widersetzt sich keiner vorgegebenen Wirklichkeit, sie verachtet sie auch nicht, sie sieht vielmehr im Augenblick von ihr ab im Hinblick auf eine andere. Die *privatio* setzt gewissermaßen vorläufig in Parenthese, um sich zu gegebener Zeit aus einer neuen und vielleicht tieferen Sicht der Beziehungen und aus dem eigenen Abstand der Wirklichkeit zuzuwenden, von der sie im Augenblick absah. Diese neue, andersartige Zuneigung wird intellektuell und praktisch gewissermaßen mit Notwendigkeit *deduktiv* vorgehen, d. h. eben von einer anderen Warte, von einem anderen Standort aus.

Im Unterschied zur negativen spirituellen Wertung der Welt, wie sie der Manichäismus betreibt, und auch im Unterschied zur Suspension jeder Wertung der Welt, wie wir sie im Kern wichtiger Aussagen der Reformatoren erkennen, ist *eine privative Einstellung zu den irdischen Gegebenheiten* ein durchaus möglicher Ausdruck christlicher Spiritualität. Eine privative vorläufige Wertung der Welt kennzeichnet den Ausgangspunkt vieler geistlicher Wege, auf die der Herr zu seiner Nachfolge ruft.

Die Tradition der Kirche hat zweifellos unter dem Wehen des Geistes (vgl. Joh 3,8) Formen ekklesialer Existenz gefunden, für die eine solche *privatio* um des Himmelreiches willen die charakteristische Aktualisierung christlicher Hoffnung, d. h. jungfräulicher eschatologischer Erwartung, ist. Das II. Vatikanische Konzil sagt von den Religiosen allgemein, daß sie sich zu heiligen hätten „mundo renuntiantes“[4], um „durch ihren Stand ein deutliches und hervorragendes Zeugnis dafür (zu) sein, daß die Welt nur durch den Geist der Seligpreisungen verklärt und Gott dargebracht werden kann“[5]. Fraglos bleiben damit die stete gesamtkirchliche Sendung solcher Formen christlicher Existenz und der unverzichtbare Wert entsprechender Berufung gültig, solange die Geschichte währt.

Nicht als Antithese dazu, was vielleicht modischen Beifall fände, sondern von einem ursprünglichen Ansatz alt- und neutestamentlicher Offenbarung her gilt es, den Weltauftrag des Menschen gewissermaßen *positiv* zu erfüllen und einzubringen in eine ebenso ursrüngliche Spiritualität. Spiritualität wird hier verstanden als die geistgewirkte personale, bewußte und freie Antwort des gnadenhaft berufenen Menschen auf den unbedingten Anspruch Gottes. Gott selbst ruft den einzelnen Menschen in einmaliger und konkreter, unverwechselbarer Weise zur Kreuzesnachfolge. Die Einmaligkeit dieser Berufung wird grundgelegt in den Sakramenten christlicher Initiation und den standesspezifischen sakramentalen Charakteren oder auch dem „Quasi-Charakter" der unauflöslichen Ehe; sie wird konkretisiert durch die bestimmten Gnadengaben und Charismen, die dem Geflecht von Beziehungen entsprechen, den individuellen, psychischen, charakterlichen, historischen und sozialen Lebensbedingungen des einzelnen. Die Stellung des Christen in der Welt setzt zwar die allgemeinen anthropologisch beschreibbaren Gegebenheiten des In-der-Welt-Seins voraus, läßt sich aber wegen der spezifischen Mannigfaltigkeit und Plurivalenz der Welt in keiner Weise standardisieren. Die totale Christusnachfolge des Menschen in der Welt läßt sich deshalb spirituell nicht adäquat organisieren durch irgendwelche ansonsten durchaus legitime Einheitsmuster, wie sie etwa von einem gemeinsamen Ansatz einer privativen Wertung der Welt spirituell vorgegeben wären. Versuche dieser Art werden immer nur einem bestimmten Ausschnitt der Welt unter einem distanziert objektiven Gesichtspunkt gerecht, nicht aber der Welt als solcher. Der Grund ist einfach der: Eine positive Wertung der Welt ist so vielgestaltig wie die Welt selbst. Sie läßt sich deshalb nicht pauschal vollziehen, sie muß vielmehr in jeder einzelnen Situation neu vollzogen werden. Das erfordert zweifellos ein hohes Maß an Freiheit und eine Energie, die einzig aus dem Mysterium Christi gespeist wird.

2. *Die „induktive" Beschäftigung mit der Welt*

Die positive Wertung führt zu einer Beschäftigung des Christen mit der Welt, die — um im Bilde zu bleiben — folgerichtig nur *induktiv* vorgehen kann, weil der Christ mitten in der Welt, was seine Warte und seinen Standort anbelangt, die Welt eben nicht verlassen hat. Er besitzt keinen gewissermaßen nicht-weltlichen, weltverlassenen Standpunkt innerer Sammlung, von wo aus er der Welt seine Zuneigung schenkte in einer Weise, wie sie unübertroffen und zeitlos gültig im Sonnengesang des hl. Franziskus widerklingt. Die Christen, denen „der Weltcharakter in besonderer Weise eigen" ist, leben „in all den einzelnen irdischen Pflichten und Werken und den gewöhnlichen Bedingungen des Familien- und Gesellschaftslebens, aus denen ihre Existenz gleichsam zusammengewoben ist"[6]. Der Christ in der Welt hat ihr gegenüber keinen Standort, wenn er auch notwendigerweise festgegründet sein muß, er ist von vornherein in ihr *umgetrieben.*

Die unendliche Vielzahl von Bedingungen des Lebens in der Welt und ihr mannigfaltiger Wechsel verbieten nicht nur eine quantitative Erfassung sondern auch eine qualitative Vereinheitlichung. Lassen sich noch — freilich aus anderen, hier zunächst nicht weiter berücksichtigten Gründen — hinsichtlich der Ehe und der Familie gewisse qualitativ einheitliche Kriterien etwa moralischer Art aufstellen, so wird ein vergleichbares Unterfangen für andere gesellschaftliche Phänomene schon erheblich schwieriger, was die traditionelle Moraltheologie bereits mit der enormen Komplexität der Fragen zur Gerechtigkeit erfahren hat. (Die wissenschaftstheoretische immanente Problematik der Soziologie weist auf anderer Ebene in gleiche Richtung. Doch das soll uns hier nicht weiter interessieren.) Vollends komplex aber erscheint die Welt des Berufs und der Arbeit. Nun soll — um beim Beispiel zu bleiben — nicht geleugnet werden, daß es für alle verbindliche moralische Normen gibt. Im Gegenteil, solche gibt es, und sie müssen gefunden werden. Daß sie aber für spezifisch innerweltliche Fragen nicht einfach von einem objektiv distanzierten Standpunkt aus, gleichsam von außerhalb der Welt gefunden werden können, spürt die zeitgenössische moraltheologische Diskussion instinktiv heraus. Die bisher angebotenen sogenannten fundamentalmoralischen Lösungen einer kosequentialistisch gedachten Gewissensautonomie sind jedoch nicht nur unzureichend, weil immanentistisch trotz aller „transzendentalphilosophischer" Bemühungen, sondern sie sind geradezu verwirrend und katastrophal. Rein formal betrachtet stellen sie nur die Antithese zu einer die Welt von außen angehenden abstrakten Kasuistik dar. Eine im hier gemeinten Sinne „weltgerechte" Moraltheologie steht noch aus. Das wird uns aus folgenden Überlegungen nahegelegt.

Jedermann wird nämlich darin zustimmen, daß die Forderungen des jeweiligen Berufsethos bei der Hausfrau und dem Bankdirektor, dem Straßenbahnschaffner und der Modeschneiderin, dem Arzt und dem Journalisten, dem Gewerkschaftsfunktionär und dem Nachtwächter, dem Atomphysiker, der Bäuerin oder der Krankenschwester, dem Hochschullehrer und dem Kioskeninhaber usw. usf. sehr verschieden aussehen. Wir haben diese qualitative Komplexität hier nur unter moralischen Gesichtspunkten gesehen. Mindestens so komplex stellt sich uns die Verschiedenheit dar, wenn wir Sachkompetenz, das berufliche „know-how", betrachten oder die innere Gesetzmäßigkeit der unterschiedlichsten theoretischen und praktischen Sachgebiete. Was nützt dem Mathematiker als Mathematiker Tugend, wenn er die Differentialrechnung nicht beherrscht. Es mag sein, daß er als Mensch in den Himmel kommt, als Mathematiker aber hätte er versagt, d. h. dieser sein konkreter Weltbezug wäre nicht geheiligt worden. Man wird mit Recht einwenden können, niemand sei verpflichtet, Mathematiker zu sein, und wer keinen Sinn für Differentialrechnung habe, solle es füglich bleiben lassen, Mathematiker sein oder werden zu wollen, es gibt ja genug andere Berufe. Zugegeben. Das Beispiel sollte nur in etwas krasser Weise deutlich machen, was subtiler und verhüllter freilich dennoch häufig in vielen Berufen oder Arbeitsbereichen anzutreffen ist: ein unverantwortlicher Mangel an fachspezifischer Sachkenntnis, ganz zu schweigen von mannigfacher Unwissenheit hinsichtlich der Interdependenz des jeweiligen Aufgabenbereichs und der Moral. So zeigt der Journalist, der sich für einen Christen hält und doch der Meinung ist, er müßte seinen Beruf an den Nagel hängen, wenn ihm die Moral verbiete, diffamierendes Gerede (über physische oder moralische Personen) auch unter Anführungszeichen, aber ohne die direkte Äußerung der eigenen Mißbilligung zu veröffentlichen[7], seine ganze Unfähigkeit, Beruf und christliches Gebot miteinander in Einklang zu bringen. Das positive Gegenteil — und zwar aus einer echten Einheit des Lebens heraus — ist sicher nicht leicht zu erreichen, aber das gerade ist die einem christlichen Journalisten gestellte Aufgabe. Er würde sie außerdem nur ungenügend oder gar nicht erfüllen, wenn er nicht guten Journalismus lieferte.

Vielleicht stecken diese wenigen Bemerkungen den Horizont ab, innerhalb dessen uns einige Zugänge zu einer Spiritualität der Arbeit erlaubt sind.

II. ANTHROPOLOGISCHER EINSTIEG

1. *Zu einem Satz Schillers — Arbeit und téchne*

„Heute enthält jede Anthropologie ein Kapitel über die wesentliche Beziehung des Menschen zu seinem technischen Tun, das sich auf die Beherrschung der Naturkräfte richtet und die Produktion und Verteilung der aus der Materie hervorgegangenen Güter zum Ziele hat". Dieser Satz steht ziemlich am Anfang des Artikels „Arbeit" im Historischen Wörterbuch der Philosophie[8]. Eine solche Auskunft weckt Interesse, weist auch auf eine wissenschaftliche Disziplin hin, in der zunächst das Thema zu behandeln ist, bevor man mit Wirtschaftstheorien oder Sozialwissenschaften und vielleicht auch mit Theologie kommen kann, läßt aber trotz einiger sachlicher Hinweise die entscheidende Frage unbeantwortet: Was ist Arbeit? Erst eine längere Abhandlung macht dann eher zufällig auf einen Satz aus Schillers Briefen über die ästhetische Erziehung des Menschen aufmerksam, der uns hinhorchen läßt: „Dadurch allein," so schreibt Schiller, „daß wir die ganze Energie unseres Geistes in einem Brennpunkt versammeln und unser ganzes Wesen in eine einzige Kraft zusammenziehen, setzen wir dieser einzelnen Kraft gleichsam Flügel an und führen sie künstlicherweise weit über die Schranken hinaus, welche die Natur ihr gesetzt zu haben scheint"[9].

Zeitkritisch einerseits und idealisch auf die griechische Harmonie als auf ein „Maximum" in der Geschichte blickend — ein Höhepunkt freilich, der um des Fortschritts willen konsequent aufgegeben werden mußte — erfaßt Schiller trotz aller Ungenauigkeit das Wesen der Arbeit. Seine Aussage klingt dem verwandt, was auch der etymologische Befund nüchterner folgendermaßen ausdrückt:

„Arbeit", althochdeutsch *ar(a)beit,* mittelhochdeutsch *arebeit,* ist abgeleitet vom lateinischen *arvum, arva,* was soviel bedeutet wie „gepflügter Acker"[10], und hängt mit dem Verb *arare,* „pflügen" zusammen. Das Wort liegt auf dem Bedeutungsfeld „Ackerbau". Es bezeichnet jene elementare Tätigkeit des Menschen, der Erde den Lebensunterhalt, die Lebensmöglichkeit abzugewinnen. Vom Wort her wird damit im Deutschen zumindest der Sinnzusammenhang mit *colere, cultus, Kultur* nahegelegt.

Uns interessiert nun nicht ausführlich der historische Kontext noch auch diese oder jene irrige Konsequenz aus Schillers ästhetischer Vorstellung[11], wie sie, in Kenntnis des Satzes oder ohne diese, Marx oder Teilhard de Chardin zogen[12], uns interessiert vielmehr die anthropologische Perspektive des Schillerschen Satzes, der eine so dürftige, wenn gleich für viele Abhandlungen zum Thema typische Engfassung sprengt wie etwa jene Definition der Arbeit, die auf Frederik W. Taylors *scientific management* zurückgeht und sich im Handwörterbuch der Staatswissenschaft findet: „Menschliche Arbeit ist bewußte Betätigung körperlicher und geistiger Kraft"[13]. Wozu? fragt man unwillkürlich. Könnte nicht auch Gleiches gesagt werden von Spiel und Sport? Wäre das alles dasselbe? Ließe sich, wenn man einem Organisten bei einer Bachschen Fuge oder einem Pianisten mit einem Stück von Chopin lauscht, nicht das Gleiche sagen, d. h. von Tätigkeiten ausgesprochener Muße, auf deren grundsätzliche Verschiedenheit zur Arbeit Josef Pieper mit Recht aufmerksam gemacht hat[14]?

Freilich, das Beflügelt-werden, wovon Schiller spricht, „weit über die Schranken hinaus, welche die Natur . . . gesetzt zu haben scheint", weist der Arbeit noch einen gediegenen Anteil am „Künstlichen" zu, das die Griechen ungeschieden mit *téchne* meinten, die all das harmonisch umfaßt, was wir heute einerseits in Kunst und andererseits in Technik trennen. Die Arbeit als „bewußte Betätigung körperlicher und geistiger Kraft“ ohne Sinn scheint demgegenüber jene totale Arbeitswelt und ein roboterhaftes Menschenbild im Blick zu haben, wie Ernst Jünger sie entwarf: „Das Klappern der Webstühle von Manchester, das Rasseln der Maschinengewehre von Langemarck — dies sind Zeichen, Worte und Sätze einer Prosa, die von uns gedeutet und beherrscht werden will.“ „Die Aufgabe der totalen Mobilmachung ist die Verwandlung des Lebens in Energie, wie sie sich in Wirtschaft, Technik und Verkehr, im Schwirren der Räder, oder auf dem Schlachtfeld als Feuer und Bewegung offenbart“[15]. Der sinnlos funktionierende Arbeiter, Jüngers Held, auch eine Konsequenz des Schillerschen Satzes oder die Chimäre des Jahrhunderts?

Bleiben wir bei den gesunderen Ahnungen des Schiller-Wortes: Sicher ist da Arbeit zunächst gedacht als materialgebundene Gestaltung der Welt, das Erschließen der Lebensmöglichkeiten. *Téchne* meint ja immer Gestaltung über das hinaus, was die Natur vorgibt. Hierzu, d. h. sich technisch einzurichten, sieht sich der Mensch freilich gezwungen, denn er hat die Welt nicht wie das Tier im rein funktionalen Wechsel und Austausch, er muß sie sich erobern. Wie er das allerdings macht, bleibt ihm freigestellt. Doch zunächst gilt für ihn als „Mängelwesen“[16] die anthropologische Gesetzlichkeit, daß er „infolge seines Mangels an spezialisierten Organen und Instinkten, in keine artbesondere, natürliche Umwelt eingepaßt und infolge dessen darauf angewiesen ist, *beliebige* vorgefundene Naturumstände intelligent zu verändern“[17]. Er entwickelt folglich eine „Ersatztechnik“ für organische Mängel, dann eine „Verstärkertechnik" für deren erhöhte Effizienz und schließlich eine „Entlastungstechnik", durch die er sich Eigenschaften zulegt, die zunächst völlig außerhalb seiner natureigenen Fähigkeiten liegen wie Fliegen oder Tauchen, ja das Besuchen anderer Gestirne[18].

Beflügeltwerden über das natürlich Vorhandene hinaus „scheint", sobald der Mensch Hand an die Natur legt, den Flug in unendliche Weiten zu öffnen, über alle Grenzen hinweg. Wer witterte nicht Gefahr in solch schwindelnder Höhe? Wer überhörte das geheime Grollen möglicher Rache der Natur? Die Angst des Menschen, die Werke seiner Technik möchten ihn selbst vernichten, ist gut verständlich. Kann nicht das Handanlegen Frevel sein?

Diese Angst — eine im wahren Sinne des Wortes „Heidenangst" — ist nicht neu, sie war der westlichen Welt nur bei einem rauschenden Tanz im betäubenden Duft naiver Allmächtigkeit — Weihrauch aus Rationalismus und Positivismus — aus dem Bewußtsein geschwunden, verdrängt. Ist der Rausch vorbei, herrscht die Katerstimmung. Das ist es, was die Gesellschaft heute schüttelt. So naiv wie der Glaube an die eigene Allmacht, so töricht ist der Wahn, die Heidenangst sei eine völlig neue Entdeckung. In der Tat ist sie ein Urmotiv aller heidnischen Religion, der Grund für Fruchtbarkeits- und Erntedankopfer, das Motiv, die Götter gnädig zu stimmen.

Der Christ teilt die Ängste des Heiden nicht, sowenig wie seine Magie. Sind für den Heiden das Pflügen der Äcker und das Ernten der Frucht Schicksalszwänge sogut wie Schuld, so gilt dem Christen die Ordnung der Dinge zunächst als gut, weil gottgewollt. Was er freiwillig daraus macht, entscheidet über den sittlichen Wert. Schuld ist kein Schicksal sondern personale Verantwortung. Sicher weiß der Christ auch um die historische Belastung einer gefallenen Natur, um die Tragik der Erbschuld. Sie ist aber persönlich verursacht von den Stammeltern und sie tritt ein in das Feld personaler Verantwortung jedes Menschen. Bei aller Belastung hebt sie das Wesen der Dinge nicht auf. Dieses gilt es zunächst zu erkennen, denn nicht die Krankheit, sondern der gesunde Zustand setzt die Normen jeder heilsamen Medizin.

2. *Die Arbeit im Gefüge der Welt — Definition der Arbeit*

Arbeit — so möchten wir definieren — ist der gesammelte Einsatz der geistigen oder körperlichen oder beider Art Kräfte in Richtung auf das Ziel, über den vorhandenen Zustand hinaus fruchtbringend den geistigen oder materiellen Lebens- und Entfaltungsraum des Menschen zu gestalten und wertträchtig zu prägen[19].

Das, was Schiller mit „Natur" bezeichnete, ist in unserer Definition mit „Zustand" ausgedrückt, denn in diesem Kontext von „Natur" zu sprechen, kann nur den Zustand all der Dinge bedeuten, die auf den Menschen bezogen und gleichwohl von ihm verschieden und seiner Herrschaft noch nicht unterworfen sind. Diese Dinge werden „humanisiert", vom Menschen beansprucht und beherrscht, in dem Maße als sie in die Technik integriert sind, d. h. in die Ersatztechnik, die Verstärkertechnik oder in die Entlastungstechnik.

Wie sehr dies auch im geistigen Bereich gilt — unbeschadet des Eigenwerts der Muße — zeigt z. B. die musikalische Aufführungstechnik einer Symphonie, damit etwa das zustandekommt, was Beethoven andeuten wollte mit dem bekannten Satz: „Musik ist höhere Offenbarung als alle Wissenschaft und Philosophie". Gerade damit man Muße finde, eine solche „höhere Offenbarung", wenn sie möglich ist, wahrzunehmen, bedarf es einer ungeheuren Arbeit. Die durch mannigfache Instrumente (gewissermaßen „Werkzeuge" oder „Maschinen") technisierten Töne, das kunstvolle Konzept ihrer Komposition, die sorgfältige Handhabung der Instrumente genau nach Plan des Komponisten seitens der ausführenden Spieler, Energie und Gestaltungswille des Dirigenten, all das ist Arbeit, sei es im objektiven Sinne als Technik[20], sei es im subjektiven Sinne als Einsatz menschlichen Tuns, d. h. als das Vollbringen von gestaltender und wertträchtiger Tat, die allein dem Menschen möglich ist, in die er sich selbst einbringt (ein wesentliches Element der „Humanisierung")[21].

Wäre der Ausdruck nicht so abgenutzt und vulgärhedonistisch besetzt, könnte man mit Recht sagen: Arbeit ist die Schaffung von Lebensqualität durch den Menschen. Letztlich arbeiten wir „um der Muße willen"[22].

Vielleicht wird an dieser Stelle Widerspruch laut, wenn dieses Verständnis von Arbeit vor allem gerade auch den geistigen Bereich meinen soll. Wir sind ausgegangen von Schillers Satz. Hat nicht gerade Schiller Maß genommen an den Griechen? Die Griechen aber — so hört man — haben die Arbeit verachtet und dem Banausentum keinen Platz unter dem wahrhaft Menschlichen gegönnt. Während Platon die Arbeit der untersten sozialen Schicht zuwies, ging Aristoteles sogar soweit, sie unvereinbar zu halten mit Tugend[23]. Sicher waren die beiden großen griechischen Philosophen — und mit ihnen viele andere — weit davon entfernt, Arbeit als ein gestaltendes, fruchtbringendes und im eigentlichen Sinne wertschaffendes Wirken des Menschen zu bezeichnen. Dafür mag es manche Gründe geben,

vor allem den, daß ihnen die Frohbotschaft des Kreuzes unbekannt war.
Ein möglicher Mangel an thematischer Reflexion allein erklärt das kurzschlüssige Urteil nicht. Den Zusammenhang von Arbeit und Tugend übersieht der Stagirite, zugleich aber schärft er den Blick für den grundsätzlichen Unterschied von Tätigkeiten, die auf die äußere Gestaltung der Welt oder auf den inneren Aufbau der Person zielen. Der Gefahr, die zweite Art — nämlich die Tugenden — auf die erste zu reduzieren, pflegen Gesellschaften zu erliegen, die sich zu Ochlokratien entwickeln. Haben sie dann die Gestalt mesokratischer Diktaturen angenommen, so beschriften sie ihre Konzentrationslager mit der Parole: „Arbeit macht frei!". Letzteres macht Arbeit gerade nicht, freilich auch nicht das Gegenteil, weder versklavt sie noch verfremdet sie, beides macht nur der Mensch mit oder ohne Arbeit. Ihrem Wesen nach schafft Arbeit menschenwürdige Bedingungen. Damit hat sie Anteil an der Würde des Menschen selbst. Das müßte man konsequent in doppelter Hinsicht aus Aristoteles' Denken ableiten, nämlich aus seinem Verständnis instrumentaler Ursächlichkeit, die ihren Wert von der sie gebrauchenden Erstursache erhält, und dann aus dem typisch aristotelichen Axiom: „actiones sunt suppositorum"[24]. Ist es also der Mensch als solcher, der arbeitet, ja ist er von seiner Natur her gehalten zu arbeiten und zwar im spezifischen Unterschied zum Tier, um überhaupt in dieser Welt leben zu können, dann empfängt ein solches Tun seine Würde vom Täter. Hier wäre also gewissermaßen Aristoteles' besseres Ich gegen eine zweifellos mißglückte Einzelaussage ins Feld zu führen.
Der Topos der negativen Wertung der Arbeit bei den Griechen wird durch eine gute Anzahl von Beobachtungen er-

schüttert, so daß der platte Satz „bei den Griechen war Arbeit verpönt" so einfach nicht gilt. Genügend Zeugnisse beweisen die Einbettung der bäuerlichen Landarbeit, des Handwerks und des Gewerbes in den religiösen Kult. Davon berichtet u. a. Hesiod[25]. Wohl mag die Wertschätzung der Arbeit nach Zeit und Raum unterschiedlich gewesen sein, die Verehrung der Demeter, der Athene, des Hermes und des Zeus kennt jedoch mannigfache Ausdrucksformen, die auf eine Wertschätzung der menschlichen Arbeit schließen lassen und ihr eine spezifisch menschliche Würde einräumen[26]. Deutlich jedoch sahen die Griechen, daß Arbeit nie Selbstzweck sein darf.

3. *Arbeit und Kult*

Trotz der scharfen Polemik Max Schelers gegen die „Hypertrophie" des bürgerlichen wie des sozialistischen Arbeitsbegriffes[27] wird man der auf seinem Denken fußenden Kulturanthropologie kaum widersprechen können. Sie lehrt uns, daß der Mensch seinem Wesen nach von vorn herein Kultur schafft und zwar durch Arbeit[28]. Der „Wilde" im Sinne eines völlig mit der „Natur" verwachsenen, unzivilisierten Menschen ohne jede Kultur ist eine Fiktion der bürgerlichen Aufklärung. In der Wirklichkeit gibt es den „Wilden" nicht und hat es auch nie gegeben. Schon der Höhlenmensch gestaltet seinen Lebensraum und organisiert seine Zeit, rhythmisch im Wechsel von Arbeit — Sammeln, Jagen, Kriegführen und dergleichen — und Feier. Das Leben erhält notwendigerweise zeitliche und räumliche Mittelpunkte, um die alle Beziehungen geflochten werden. Nicht der Grad technischer und zivilisatorischer Errungenschaften sondern das Erfassen des Lebenssinn entscheidet über die kulturelle Reife, den Reichtum an Menschlichkeit einer bestimmten Kultur in einer bestimmten historischen Phase. Folglich bezeugt nicht das quantitative Pensum den Wert der Arbeit sondern ihre Intention, ihre Ausrichtung auf das Ziel des Menschen, das heißt auf sie selbst bezogen: ihre Wertträchtigkeit. Ob eine Arbeit zeitintensiv ist wie der primitive Ackerbau oder ob sie nur punktuell geleistet wird durch gelegentliche Wartung automatisch gesteuerter Produktionsbetriebe, das alles sagt nichts über den Wert der Arbeit. Wertvoll ist die Arbeit, wenn sie dem Menschen wahrhaft dient, Mensch zu sein, d. h. nach Maßgabe dessen, wie er seine Arbeit als Tat vollbringt und sich selbst transzendiert[29].

Kulturanthropologisch betrachtet ist die Arbeit ein gestaltender, fruchtbringender und materielle oder geistige Werte schaffender Umgang des Menschen mit der Welt im Hinblick auf die eigene transzendente — letztlich religiöse — Sinnerfüllung. Damit ist zugleich ausdrücklich betont, was immer schon im Unterton mitklang: Der Wert der Arbeit selbst wird bestimmt von der Kultur, oder radikaler: Der Wert der Arbeit wird bestimmt vom Kult, dem sie dient. Der Kult nämlich beherrscht das Leben des Menschen und seinen Rhythmus[30].

Ich bin mir völlig darüber im Klaren, daß hier sehr leicht Mißverständnisse auftreten können. Manche mögen aus einem ungenauen Hinhören auf das Gesagte entspringen: Es ist keineswegs auch nur von ferne die Aussage beabsichtigt, Kult reduziere sich auf Arbeit. Auch ist nicht gemeint, alles, was Menschen so Arbeit nennen, trage wie selbstverständlich ein eindrucksvolles kultisches Gepräge. Noch viel weniger ist gemeint, das möglicherweise als kultisch zu bezeichnende Element eines beliebigen Arbeitsethos sei damit wahr oder legitim, was unter dem Aspekt „Kult“ ja soviel bedeuten würde wie die Verehrung und Anbetung des einen wahren Gottes.

Es gibt auch Mißverständnisse, die sich aus dem Vorurteil einer prinzipiellen Antithese zwischen Kult und Arbeit ergeben, weil es den Kult einzig dem Feiern zuordnet. Mißverständnisse dieser Art lassen sich m. E. auf zwei Schemata zurückführen: Entweder handelt es sich um eine Inflexibilität, bestimmte klassische *topoi* aufzugeben, wonach Arbeit per se menschenunwürdig, per accidens vielleicht ein unvermeidliches Übel ist; oder es handelt sich um die hybride Fiktion des in dionysischem Rausch aller irdischen Mühe entrückten Übermenschen, der verächtlich auf den letzten Menschen herabschaut, weil dieser nicht zu feiern versteht (ein Nietzschescher Gedanke). Wenn man sich bemüht, Reduktionismen zu vermeiden, und sich dadurch offenhält für kategorial faßbare und auch für transzendente Wahrheiten, wird man die meißten Mißverständnisse vermeiden. Was das Verhältnis von Arbeit und Kult angeht, finden wir den natürlichen Schlüssel (gemeint ist das empirisch rationale Offenbarmachen, nicht göttliche Offenbarung) in der lapidaren Aussage des Religionswissenschaftlers: „In dem er das Heilige offenbart, wird der Gegenstand zu etwas ‚ganz anderem' und bleibt doch weiterhin er selbst, denn er hat weiterhin teil an seiner kosmischen Umwelt"[31]. Daß eine solche „Hierophanie" im Alltäglichen, die aus dem Umgang des natürlich religiösen, um Sinnerfüllung seines Lebens bemühten Menschen mit den Dingen der Welt entspringt, die „Gegenstände" nur zuleicht magisch erfaßt, soll nicht bestritten sein. Zu fragen bleibt, ob Magie sie begründe, d. h. ob die Ontologie des Vorgangs, nicht etwa der historische Prozeß, nur als magischer Akt erklärbar sei, oder ob nicht vielmehr das allgemeine religionsgeschicht-

lich festgestellte Phänomen ein tieferes, verborgeneres Sein des elementaren menschlichen Aktes andeutet, jenes Aktes nämlich, durch den der Mensch die Welt in Besitz nimmt, indem er ihre Dinge zu seinen Gegenständen macht. Ich möchte das letztere annehmen, denn es bliebe mir völlig unverständlich, wie man, wollte man bloß aus Magie den religiösen Sinn irgendwelcher Vergegenständlichungen erklären, profane Sinngebungen finden könnte, die etwas anderes darstellten als eine nur rein negative Magie. Mit anderen Worten, die radikale Gleichsetzung religiöser Sinngebung menschlichen Tuns mit Magie entpuppt sich als der Fluch des Zauberlehrlings: „Die ich rief, die Geister, werd' ich nun nicht los". (Logisch ließe sich das hiatrogene Problem leicht als *circulus vitiosus* darstellen).
Der Mensch findet diese Welt zwar nicht als Chaos, sodoch als unbehaust, „unheimlich" vor. Durch seine Arbeit gestaltet er sie, macht sie urbar, bewohnbar, macht sie sich untertan. Das geschieht in Analogie nicht etwa zur „Schöpfung", denn „Schöpfung" ist ein Thema der Offenbarung und Gottes schöpferische Macht ist unmitteilbar[32], ihr Begriff ist „univok"[33], sondern in Analogie zur „Weltgründung"[34].
Das ist etwas wesentlich anderes als Schöpfung, es setzt den Boden voraus. Das ist ein kulturanthropologisches Thema. Das dies nicht ausreicht, ist offensichtlich. „Welten bauen genügt dem tiefer dringenden Sinn nicht", bemerkt Novalis: „Aber ein liebendes Herz sättigt den strebenden Geist"[35]. Welches Herz? Johannes Tauler sagt uns: „Des Menschen Herz hat kein natürliches Zentrum, worauf es bliebe"[36]. Doch bevor wir auf die Suche nach der Herzmitte gehen, mögen einige Verse von Karol Wojtyla die Gedanken dichten:

„Die Arbeit beginnt von innen nach außen mit soviel Raum,
daß sie gleich Hände erfaßt und Grenzen des Atems erreicht.
Siehe: Der Wille trifft die tiefe Glocke des Steins.
Hält erst das Denken seine Sicherheit wieder ein,
erreichen Herz und Hände den Höhepunkt zugleich.

Für dieses Lot, die Gewißheit des Auges und des Geistes,
zahlt man mit gebefreudiger Hand.
Der Stein leiht dir seine Kraft, die Arbeit macht dich
reifer, sie beseelt dich zum schwierigen Pfand.

Mit ihr beginnt, was im Herzen und in den Gedanken wächst,
was viele Begebenheiten, viele Menschen umkreist
welch eine Liebe reift in den Hämmern!
damit sie später Gruppen von Kindern, singend, die Zukunft überweisen:
‚Endlose Arbeit erfüllte die Herzen unserer Väter'.“[37]

III. THEOLOGISCHE ÜBERLEGUNGEN

1. *Die Heiligkeit Gottes — Ziel menschlichen Daseins und Handelns*

Wozu sind wir auf Erden? Diese bekannte erste Katechismusfrage wird in der Regel mehr oder minder so beantwortet: „Wir sind auf Erden, um Gott zu erkennen, ihn zu lieben, ihm zu dienen und einst ewig bei ihm zu leben“[38]. Deutlicher antwortet der Katechismus Pius X. auf die Fra-

ge: „Weshalb sagt man, der Mensch sei nach Bild und Gleichnis Gottes geschaffen?
Man sagt, der Mensch sei nach Bild und Gleichnis Gottes geschaffen, weil die menschliche Seele Geist ist und Vernunft und Freiheit hat bezüglich ihres Handelns; sie ist also fähig, Gott zu erkennen und zu lieben und sich ewig seiner zu erfreuen. Das sind Vollkommenheiten, die in uns einen Strahl der unendlichen Größe des Herrn spiegeln“[39]. (Der weitere Kontext macht deutlich, daß der Mensch nicht von Natur aus befähigt ist, unmittelbar Gottes Wesen zu erkennen, so daß der Text keine neopelagianische Interpretation erlaubt.)
Es mag sein, daß — aus welchen Gründen auch immer — heute viele Menschen mit einer solchen Sinngebung des Daseins wenig anfangen können. Als Umstand muß man eine Entwöhnung zugutehalten, über den Sinn des Lebens nachzusinnen. Das hängt subjektiv zusammen mit einem grund- und haltlosen Umgetriebensein in dieser Welt, objektiv mit einer rein funktionalen Weltanschauung, dem Verlust der Ontologie. Die allenthalben verzweifelt aufbrechende Suche nach Sinn ist Symptom und Folge des Verlustes.
Eine möglicherweise diskontinuierliche vielleicht sogar säumige Pastoral findet zudem keine Sprache, die erste Katechismusfrage zu beantworten. Manche Versuche mögen sich nur umsomehr in reinen Funktionalismus verstricken[40].
Doch nicht nur die „Mundanisierung“ — ein anderes Wort für die Vergötzung des rein Funktionalen — stellt die Pastoral vor schier unüberwindliche Sprachprobleme, sondern auch eine gewisse doppelte Unzulänglichkeit traditioneller Antworten, die uns zwar sagen, es gehe um die Erfüllung von Gottes Willen, „um dadurch in den Himmel zu kom-

mem“[41], was zweifellos richtig ist, aber meist — *per defectum* — ziemlich ausgeblendet lassen, was Gott konkret vom Menschen will, oder anders ausgedrückt, welche konkrete Aufgabe er ihm stellt, und — *per excessum* — als primäres Ziel die subjektive Glückseligkeit suggerieren. Die subjektive Glückseligkeit ist sicher auch Ziel des Menschen, aber nicht um ihrer selbst willen, also nicht direkt. Vielmehr geht es um die objektive Glückseligkeit, wie die klasseische Theologie lehrt[42], oder besser und deutlicher gesagt: es geht um die Verherrlichung Gottes.

Die Verherrlichung Gottes darf nicht als etwas seinsmäßig verschiedenes angesehen werden von der subjektiv in der Ewigkeit erfahrbaren Glückseligkeit. Doch ob subjektive Glückseligkeit erfahren wird und in welchem Grade, das hängt davon ab, wie der Mensch mit dem Einsatz all seiner Kräfte die Verherrlichung Gottes nach dessen Willen, d. h. durch die Erfüllung des göttlichen Auftrages in diesem Leben, gesucht hat.

Immer und vor allem anderen aber geht es um die Verherrlichung Gottes, d. h. die Dinge — und vorab in dieser Welt der Mensch — kommen in dem Maße zu sich selbst, sind also im eigentlichen Sinne, was sie sein sollen, als sie die Herrlichkeit Gottes widerspiegeln. In welchem Brennpunkt letztlich Gottes Herrlichkeit vollends aufleuchtet, soll uns später interessieren. Zunächst fragen wir uns nach dem konkreten Willen Gottes, oder nach der dem Menschen gestellten Aufgabe.

Hier gilt es zunächst festzuhalten: Jederzeit und überall ist es möglich und kommt bisweilen vor, daß Gott unmittelbar einem Menschen seinen Willen in ganz bestimmter Weise kundtut. Die Schrift kennt unzählige Beispiele: Gottes Auftrag an Noe (Gen 6,13; 9,1-17); die Berufung Abrahams

(Gen 12,1 ff) und Jakobs (Gen 32,23 ff); die Berufung des Mose, einzelner Richter, Könige und Propheten (vgl. Ex 3,4 f; Dt 30,23; Ri 6,12; 1 Sam 3; 16,12 usw.); die Berufung Mariens (Lk 1,26 ff), der Apostel (Mt 4,18 ff; Mk 1,16-20; Lk 5,1-11; Joh 1,35-51), des reichen Jünglings (Mk 10,17-21; Mt 19,16-21), des hl. Paulus (Apg 9,3 ff) usw. usf. Die Kirche kennt mannigfache Beispiele von heiligen Stiftern und die Kontinuität ihrer Geschichte wird nicht unwesentlich mitgetragen von immer wieder neu ergehenden einmaligen Berufungen wie etwa die je neu erfolgende in die konkrete Nachfolge des Petrusamtes, was sich bei einer Papstwahl ereignet.

Es wäre aber falsch, den Begriff „Berufung" auf außerordentliche, wenn auch für das geordnete Leben der Kirche notwendige Ereignisse zu beschränken. Das II. Vatikanische Konzil spricht von einer „allgemeinen Berufung zur Heiligkeit"[43].

Jeder Mensch ist also von Gott berufen, erhält von ihm einen Auftrag seines Willens, dessen Erfüllung davon abhängt, wie weit der Mensch all seine Kräfte einsetzt zur Verherrlichung Gottes.

Gottes Größe soll „an der Welt sichtbar werden als ‚Herrlichkeit', welches der biblische Begriff für das Aufscheinen von Gottes innerer Heiligkeit ist"[44].

Wenn das das Ziel des Willen Gottes ist, muß der konkrete Wille Gottes für jedermann auch dann erkennbar sein, wenn er sich nicht in einer außerordentlichen, an den einzelnen gerichteten Kundgabe offenbart. Für jeden gilt, sofern ihm nicht ausdrücklich etwas anderes aufgetragen wird, das, was Gott mit der Erschaffung des Menschen ursprünglich wollte. Sein Wille wird offenbar im Schöpfungsakt selbst: „Gott, der Herr, formte den Menschen aus Erde vom Ackerboden und blies in seine Nase den Lebensodem" (Gen 2,7). Die Leibhaftigkeit des Menschen integriert von vornherein die materische Welt und stellt sie zur Aufgabe. Nicht unwesentlich ist der Hinweis der Schrift auf den Ackerboden, also auf die Welt in konkretem Bezug zur *Arbeit* des Menschen, wenn wir uns an Etymologie und Begriff erinnern.

Daß dies keineswegs einer „interessierten" Exegese gleichkommt, macht der vorausgegangene Vers 4b-5 deutlich, wo es heißt: „Zur Zeit, als Gott der Herr, Erde und Himmel machte, gab es auf der Erde noch keine Feldsträucher und wuchsen noch keine Feldpflanzen; denn Gott, der Herr, hatte es auf der Erde noch nicht regnen lassen, und *es gab noch keinen Menschen, der den Ackerboden bestellte*"[45].

Mit dem Schöpfungsakt selbst wird also der Mensch als „nach dem Bilde Gottes" geschaffen als Mann und Frau (vgl. Gen 1,27) in eine verantwortliche Beziehung zur Welt und für die Welt bestellt.

Das kommt gleichsam zusammenfassend zum Ausdruck in dem Vers: „Gott, der Herr, nahm also den Menschen und setzte ihn in den Garten Eden, damit er ihn bebaue und hüte" (Gen 2,15), *ut operaretur et custodiret illum*, sagt die Vulgata[46]. Der selbe Sinn liegt in dem anderen Schöpfungsbericht, wo es heißt: „Gott segne sie, und Gott sprach zu ihnen: Seid fruchtbar und mehret euch, bevölkert die Erde und macht sie euch untertan . . ." (Gen 1,28).

Gestalten (Bebauen, Bearbeiten) und Hüten der Erde ist der konkrete Auftrag Gottes, den er dem Menschen allgemein anvertraut. Das darf keineswegs in dem mißverständlichen Sinne aufgefaßt werden, den eine kosequentialistische Moral nahelegt, wonach prinzipiell der Mensch befugt sei, seine Macht beliebig über diese Welt einzusetzen, sofern er

dadurch positive Güter produziere. Nein, Gestalten *und* Hüten der Welt unterliegt der objektiven Norm der Verherrlichung Gottes. Nicht die Ausübung jeder menschlichen Macht zu irgendeinem nützlichen Zweck allein ist schon eine Verherrlichung Gottes, sondern nur eine solche Ausübung menschlicher Macht über die Dinge dieser Welt, die *in der Ausübung selbst* die innere Ordnung und Gesetzmäßigkeit der Dinge wahrt und hütet.
Unter moralischen Rücksichten bezeichnet man einen solchen behutsamen Gebrauch der Macht mit „Achtung des Naturrechts". Mit dieser Bezeichnung kommt aber noch nicht die gesamte Wirklichkeit zur Sprache, wenngleich sie im Wesen erfaßt ist, denn sie nimmt vor allem die ethischen Bezüge in den Blick. Doch ebenso muß man die innere Naturgesetzlichkeit wahrnehmen. Deshalb ist eine Sachkenntnis gefordert, die die Eigengesetzlichkeit im Geflecht aller Bezüge wirklich begreift und verantwortlich ernstnimmt. Nur wenn beides, die objektive Naturgesetzlichkeit der Dinge und die naturrechtlichen Zusammenhänge der jeweiligen Beschäftigung mit den Dingen gewahrt werden, ergreift der Mensch das, was er durch sein Tun, durch seine Arbeit zur Verherrlichung Gottes wirken kann. Wenn er zudem auch willens ist, Gott zu verherrlichen, läßt er durch seine Arbeit und in seiner Arbeit die Dinge dieser Welt in dem Maße, als er sie zu seiner Umwelt gestaltet, sie humanisiert, zum Lobe Gottes erklingen. Das ist der bestimmte Sinn menschlicher Arbeit, daß sie nämlich die Welt gestaltet und hütet, sie urbar macht und überliefert als eine bewohnbare Umwelt, kurzum sie menschenwürdig macht, doch nicht um ihrer selbst willen, sondern um Gottes willen, damit Gottes Heiligkeit sich in ihr spiegele.
So klingt die menschliche, wahrhaft sinnvolle Arbeit zu-

sammen mit dem Dreimal-Heilig der Engel zum Lobe Gottes, durch das die Kirche mit Christus die Welt dankbar dem Vater übergibt (vgl. 1 Kor 15,28). Auf diese Weise wird die Erde, wie der Himmel durch das Lob der Engel, voll von Gottes Herrlichkeit. Dieses vom Menschen dargebrachte Lob Gottes greift die Kirche auf und verbindet es mit dem Dankopfer Christi, indem sie etwa mit den Worten des Vierten Hochgebetes sagt: „Wir preisen Dich, heiliger Vater, denn groß bist Du, und alle Deine Werke künden Deine Weisheit und Liebe. Den Menschen hast Du nach Deinem Bild geschaffen und ihm die Sorge für die ganze Welt anvertraut. Über alle Geschöpfe sollte er herrschen und allein Dir, seinem Schöpfer dienen". Weil Gott also von allem die Mitte ist, ist er das Zentrum des menschlichen Herzens und all seines Strebens, denn: „Wo dein Schatz ist, da ist dein Herz" (Mt 6,21).

2. *Die Arbeit nach dem Sündenfall*

„In zweifacher Hinsicht wurde die westliche Zivilisation in den letzten zwei Jahrhunderten zutiefst erschüttert — durch das Gefühl der Wertlosigkeit der Arbeit und die Angst vor tödlicher Langeweile. Denn die Arbeit übt nicht mehr jenen magischen Reiz aus, der in früheren Zeiten die Menschen dazu trieb, in ihren eigenen Werken den Verdienst zu sehen, den sie sich vor Gott erwarben. Und obwohl die Freizeit noch keineswegs ihren Siegeszug über die westliche Hemisphäre angetreten hat, scheint ihre Langeweile doch bedrohender, als ihre Vergnügungen einladend wirken"[47]. Diese Bemerkungen eines modernen Soziologen wollen deutlich machen, wohin das Denken des modernen Menschen führt, wenn die Human- und Sozialwissenschaften dem Wahn verfallen, „das Böse außerhalb seiner (des Menschen) Kontrolle zu sehen"[48], d. h. außerhalb jener Verantwortlichkeit, wonach das Böse aus des Menschen Herzen kommt (vgl. Mt 15,18-19). Statt dessen wähnt man, „daß das Böse durch die Sozialordnung bedingt wird, daß es von einer falschen Verteilung des Wohlstandes, von einer fehlerhaften Erziehung, von unzulänglichen Gesetzen oder von Unterdrückung und Ungerechtigkeit herrührt, die durch taugliche Gesetze beseitigt werden könnten"[49].

Das Böse aber kommt in der Tat aus dem Herzen des Menschen und infiziert alles, was er tut. Dieses Hervorbrechen des Bösen ereignet sich in doppelter Hinsicht, es unterliegt also zweifacher, wenn auch unterschiedlicher Verantwortung des Menschen. Einmal — das ist noch am ehesten einzusehen, wenngleich mannigfach geleugnet — tut der Mensch Böses durch bewußte und freie innere oder äußere Akte. Das sind die Sünden seiner unmittelbaren persönlichen Verantwortung. Dann aber ist auch vom Bösen alles affiziert, was der unerlöste Mensch „von Natur aus" als Kind „des Zornes" (Eph 2,3) tut, d. h., was aus der Erbsünde entspringt. Es kommt zwar bei allem Tun auf die Integrität und Wahrung der inneren Gesetzmäßigkeit der Dinge und des Handelns selbst an, aber der moralische Wert des Handelns ist für den Täter nur gewahrt, wenn dessen Intention lauter ist. So können denn seine Taten an sich gut sein, doch solange der Mensch nicht aus der Gotteskindschaft lebt, sind auch an sich gute Taten für ihn wertlos. Dieser letzte Quellgrund des Bösen in unserem Herzen, theologisch „Erbsünde" genannt, wird von der modernen Welt heftigst befehdet. „Der Gedanke der Erbsünde ist der gemeinsame Gegner, in dessen Bekämpfung sich die verschiedenen Grundrichtungen der Aufklärungsphilosophie vereinigen. Hier steht Hume an der Seite des englischen

Deismus, wie Rosseau an der Seite Voltaires steht: Die Einheit des Zieles, dem die Aufklärung zustrebt, scheint eine Zeitlang alle Differenzen und Divergenzen hinsichtlich der Mittel, mit denen es zu erreichen ist, zu überwiegen“[50]. Sie leugnen die Erbsünde und mit ihren aufgeklärten „vernünftigen“ Gesetzen bieten sich Denker und Politiker „uns an als Erlöser, aber sie erweisen sich als Folterknechte einer unerlösten Welt“[51]. Das Joch einer weithin als „Entfremdung“ erfahrenen Arbeit in unserer Industriegesellschaft ist für diese Folter Beweis.

Der „neue Mensch“ in Christus (vgl. Eph 4,23-24; 1 Kor 6,15-19; 2 Kor 11,2; 1 Petr 2,4-5), der für Gott und auf ihn hin lebt (vgl. Röm 14,7-9)[52] und der Sünde gestorben ist (vgl. Röm 6,11), wird es verstehen, „die Sonne nicht untergehen“ zu lassen über dem „Zorn“ der Arbeit[53] und „dem Teufel keinen Raum zu geben“ (Eph 4,26-27). Paulus zeigt auf, welche grundsätzliche Wandlung im Verständnis der Arbeit stattfindet: „Der Dieb soll nicht mehr stehlen, sondern arbeiten und sich mit seinen Händen sein Brot verdienen, damit er auch dem Notleidenden davon mitgeben kann“ (Eph 4,28). Thomas von Aquin bemerkt hierzu: Jedes Sichaneignen der Güter dieser Welt ist im weiteren Sinne Diebstahl. Das ist das Kennzeichen des „alten Menschen“, der aus Egoismus handelt und nicht zur Ehre Gottes, während das „neue Leben“ gerade durch redliche Arbeit sich auszeichnet[54]. Die Früchte dieser Erde ernten, ohne die Arbeit dazu aus kindlicher Hingabe an Gott geleistet zu haben, ist also immer im letzten ungerecht, so etwas wie „Diebstahl“. „Will jemand sich euch anschließen“, so lehrt die Didache der Urkirche, „so soll er eine Aufgabe (einen Beruf) haben, er soll arbeiten und sich ernähren. Und wenn er keinen Beruf hat, dann seht euch in eurer Klugheit vor,

damit unter euch kein Christ müßiggehe für den Fall, daß einer der nicht arbeiten will, ein Hausierer (oder Schmarotzer) Christi ist"[55].
Wie „der Sünde Sold der Tod" (Röm 6,23), so ist die Infizierung der Arbeit deren Mühsal. Beides sind innere Konsequenzen. Wenn wir die Metaphysik der Sprache und das etymologische Umfeld von der Arbeit vor Augen haben, wird uns der biblische Text noch eindrucksvoller Auskunft geben über die katastrophale Wende durch die Sünde: „So ist verflucht der Ackerboden deinetwegen. Unter Mühsal wirst du von ihm essen alle Tage deines Lebens", so spricht Gott zu Adam nach dem Sündenfall. „Dornen und Disteln läßt er dir wachsen ... Im Schweiße deines Angesichtes sollst du dein Brot essen, bis du zurückkehrst zum Ackerboden, von dem du genommen bist" (Gen 3,17-19). Wie namenlos schrecklich — tödlich — steht die letzte Folgerung vor uns: Mit unendlicher Mühe ringt der Mensch dem Boden, der Welt, seine Lebensmöglichkeiten ab und verfällt endlich doch dieser Erde im Tode.
Man mag unendlich viele Todesarten kennen, alle Tode konvergieren mit einem der drei Kreuze auf Golgatha. Für den einen ist der Tod nur Fluch, für den anderen Annahme der eigenen Sühne, für den dritten das Werk der Erlösung. „Wer mein Jünger sein will, verleugne sich selbst, nehme täglich sein Kreuz auf sich und folge mir nach!" (Lk 9,23) sagt der Herr. Dieses tägliche Sterben in der Nachfolge Christi gibt der unvermeidbaren Mühsal der Arbeit einen sühnenden und miterlösenden Sinn. Die Nachfolge Christi, der Licht verheißen ist auch inmitten der Trübsal (vgl. Joh 8,12), verleiht selbst unter unwürdigsten Bedingungen der Arbeit den Adel der Gleichförmigkeit mit dem, der

„Knechtsgestalt angenommen hat" (Phil 2,7). So schreibt German Rovira mit Recht:

„Jede Arbeit jedoch, gleich unter welchen Umständen sie unausweichlicherweise verrichtet werden muß, kann immer ein Dienst sein. Die Sklaverei als die schlimmste Unterdrückung der Menschen bei der Arbeit wird durch die Aussagen des hl. Paulus nicht gerechtfertigt, aber selbst in diesem Zustand kann der Mensch durch dieses sein Opfer zum Besten der Menschen wirken. Auch heute kann irgend jemand unter den Diktaturen aller Schattierungen in einem bestimmten Augenblick das Opfer der Sklaverei darbringen müssen. Auch heute gilt für viele, die wie Sklaven und Entrechtete leben, der Rat des hl. Paulus an die Sklaven, ‚ihren irdischen Herren gehorsam zu sein, nicht mit Augendienerei, um Menschen zu gefallen, sondern in Herzenseinfalt, in der Furcht des Herrn'. Diese Furcht des Herrn zwingt den Arbeiter manchmal, sich unbeliebt zu machen durch seinen Protest im Namen der anderen, die mit ihm unterdrückt werden. Dabei leistet er jedoch für diese den besten Dienst, wenn er dieses Opfer sogar für den Unterdrückenden darbringt und sich nichts Besseres für sich selbst verschafft. So handelte auch Jesus, der sein Leben auch für die, die ihn kreuzigten, Gott darbrachte. ‚Was immer ihr tut', riet Paulus weiter, als er die Sklaven zum Gehorsam ermahnte, ‚das tut von Herzen, wie etwas, was für den Herrn geschieht und nicht für Menschen; wißt ihr doch, daß ihr vom Herrn das Erbe als Lohn empfangen werdet' (Kol 3,22-24). Damit wird der Arbeiter nicht auf das Jenseits vertröstet, sondern mit übernatürlichen Kräften ausgerüstet, damit er sich für die Verwirklichung der Gerechtigkeit einsetzt. Mit anderen Worten: Wer beispielsweise in einem Konzentrationslager selbst unter menschenunwürdigen

Umständen arbeiten muß, kann sich durch diese Arbeit heiligen, zur Heiligung der Mitleidenden beitragen und darüber hinaus alle Menschen miterlösen"[56].

Der hier vorausgesetzte Heroismus ist zweifellos gewaltig und nicht auf das Niveau allgemeiner öffentlicher Anschauung zu bringen. Leszek Kolakowsky bemerkte in einem Interview mit dem niederländischen Fernsehn: „Wir dürfen von den Schlachtopfern Himmlers und Berias nicht erwarten, daß sie ihre Henker nicht hassen und alle imstande sind, Jesus Christus zu folgen und für ihre Feinde zu beten. Es gibt nur sehr wenige Menschen, die das aufbringen können. Aber das ganze Gebäude unserer Zivilisation liegt auf den Schultern dieser paar Menschen".

Die heroische Mühsal unter Blut und Tränen und doch mit dem verzeihenden Lächeln der Liebe Christi gestaltet die Welt. Nicht weil die Welt in sich böse wäre, sondern weil sie „im Argen liegt" (Röm 8,22), kann wahrhaft gestaltender Menschenwille nicht ohne Hingabe in den Tod mit Gottes Gnade die Schöpfung „von der Sklaverei und Verlorenheit befreien" (ebd. V. 21). Die Opferbereitschaft enthebt freilich niemanden der Verantwortung, nach Kräften im Gebrauch aller moralisch vertretbarer Mittel, sich für menschenwürdige Arbeitsbedingungen einzusetzen. Trotzdem wird auch unter idealsten Bedingungen der Arbeit die heilsnotwendige Dimension des Kreuzes nicht genommen. In einer gewissen Tiefenschicht offenbart sich sogar, daß die „Knechtschaft", die auch das Innerste des Menschen mit Entfremdung bedrohende Mühsal der Arbeit, keine auf die extremen Bedingungen eines Konzentrationslagers beschränkte Wirklichkeit ist, sondern zur Verfassung der Welt unter dem Gesetz des Todes gehört. Die Feindschaft gegen das Kreuz (vgl. Phil 3,18) weiß wenige Wahrheiten so gut zu tarnen und zu verdrängen wie diese, ja sie entwickelt eine enorme Industrie und Technik — als Leistungen einer höchst unheiligen Arbeit —, die Illusion einer schmerzfreien Zukunft, des Paradieses auf Erden zu erzeugen.

Das Kreuz ist der Schlüssel zum Verständnis christlicher Existenz überhaupt, es ist auch der Schlüssel zum Verständnis einer Arbeit, deren Mühsal Folge der Sünde ist und deren Vollzug unter dem Gesetz des Todes steht, weil der Mensch zum Staub des Ackerbodens zurückkehren wird, wovon er genommen ist.

Das Kreuz ist nicht nur Zeichen, sondern erfahrene, erlebte Wirklichkeit. Es versöhnt Himmel und Erde, verbindet Gott mit dem Menschen und diesen mit dem Leib der Kirche. Das Kreuz vereint Gericht und Erbarmen, Gerechtigkeit und Liebe, Tod und Auferstehung. Das Kreuz macht Handeln und Leiden, Arbeit und Feier, Mühsal und Kult zu einer einzigen Wirklichkeit.

Das Kreuz ist jedoch keine Synthese, die auf einer höheren Ebene die antithetischen Elemente aufhöbe. Erlösung ist nicht Aufhebung, nicht die Reduktion auf einen rein potentiellen Status oder sogar eine Negation. Erlösung setzt frei und räumt allem Erlösten jene eigengesetzliche Vollkommenheit ein in Harmonie mit allem anderen, die einem jeden nach dem ursprünglichen Schöpfungsplan zukommt. Das bedeutet für die Mannigfaltigkeit und Plurivalenz menschlicher Weltgestaltung eine Chance, am geheimnisvollen Bau des Himmlischen Jerusalems mitzuwirken, in das alle Schätze und Werte der Menschheit zum Lobe Gottes eingebracht werden (vgl. Jes 60).

3. *Einige Anmerkungen zur Arbeit aus dem Geist des Opus Dei*

Das Thema „Heiligung der Arbeit" kann ehrlicherweise nicht behandelt werden, wenn man nicht auf den Mann zu sprechen kommt, dem das Thema seine spirituelle Kontur verdankt: Josemaría Escrivá de Balaguer, der Gründer des Opus Dei.

Johannes Paul I. hat kurz vor seiner Wahl zum Papst als damaliger Patriarch von Venedig die Bedeutung von Msgr. Josemaría Escrivá de Balaguer für die Geschichte der Kirche skizziert, der seit dem 2. Oktober 1928, dem Tag der Gründung des Opus Dei, nicht müde wurde, die gewöhnliche alltägliche Arbeit als „die Achse" des geistlichen Lebens der Laien mitten in der Welt zu verkünden. „Ähnliche Dinge lehrte vor über dreihundert Jahren der hl. Franz von Sales[57]. ... Escrivá de Balaguer geht aber in mehreren Punkten über Franz von Sales hinaus. Dieser verficht zwar auch die Heiligkeit für alle, aber er lehrt wohl nur eine *Spiritualität der Laien,* während Escrivá eine *laikale Spiritualität* will. So rät Franz von Sales den Laien fast immer dieselben Mittel an, welche die Ordensleute praktizieren, wenn auch entsprechend angepaßt. Escrivá ist radikaler: er spricht in einem guten Sinne geradezu von einer *Materialisierung* der Heiligung. Für ihn ist es die materielle Arbeit selbst, die sich in Gebet und Heiligkeit umwandeln muß"[58].

Die jüngste Diskussion um das Opus Dei zeigt deutlich, daß man aus den unterschiedlichst motivierten Perspektiven heraus — sei es wohlwollend oder weniger wohlwollend — gerade das nicht begriffen hat, was Albino Luciani als das unbedingt Neue mit untrügerischem und klarem Blick erfaßt hatte. Aus einer Perspektive, die geschult ist an den religionssoziologischen Thesen Max Webers, ist man vielleicht unbeschwert von den Kategorien eines innerkirchlichen Verbandsstrukturalismus und folglich nicht gezwungen, neue pastorale Phänomene leicht manövrierbaren weil gewohnten Schemata unterzuordnen, doch verfällt man leicht dem Irrtum, die epochale Bedeutung Josemaría Escrivás und seines Werkes bestehe darin, nun endlich auch im katholischen Raum dem Berufs- und Arbeitsethos namentlich der calvinischen Reformation eine Bresche geschlagen zu haben[59], einem Ethos, das für den wirtschaftlichen und gesellschaftlichen Fortschritt der Neuzeit schlechthin maßgebend war. Diese wohlwollend gemeinte Kritik geht von einer letztlich dualistischen Wertung der Welt aus, wie sie sich aus der Weberschen Analyse der protestantischen Ethik ergibt. Hier verfehlt die Kritik die Sache. Die positive Weltwertung, die dem Geist des Opus Dei entspricht, unterscheidet sich grundsätzlich — man könnte auch sagen „dogmatisch" — von diesen Voraussetzungen, weil sie nicht ausgeht von der protestantischen Einschätzung der Welt als in sich radikal „verderbt" nach der Erbsünde. Die Weltwertung, im Geist des Opus Dei, entspricht vielmehr der katholischen Lehre, wonach die Natur — d. h. auch die Welt überhaupt — zwar durch die Erbsünde geschwächt ist und „im Argen liegt", nicht aber einfach verdorben und vollends entwertet ist.

Eine mehr negative Kritik am Opus Dei endet einfach da, daß sie behauptet, das „Experiment" einer innerweltlichen Heiligkeit, einer positiven Weltwertung und einer tatsächlichen Heiligung der Arbeit sei von seinen Voraussetzungen her a priori gescheitert[60].

Die Hierarchie der Kirche denkt darüber anders. Papst Johannes Paul II. hat am 28. November 1982 mit dem Opus

Dei die erste Personalprälatur gegründet und dadurch ein Organ seiner ordentlichen hierarchischen Jurisdiktion geschaffen[61]. Dies wäre sicher nicht erfolgt, wenn das Ziel dieses Organs, nämlich ein spezifisch laikales Apostolat, das die Heiligung der Arbeit sucht, vergeblich wäre. Bei seinem Besuch im römischen Arbeiterzentrum ELIS im Januar 1984 antwortete der Papst auf die Begrüßungsworte des Prälaten des Opus Dei, „dadurch, daß er die Mitglieder des Opus Dei ermuntere, ‚immer mehr Opus Dei zu sein und das Opus Dei in allen Dimensionen der Welt zu verwirklichen, in der Welt des Menschen und der der Schöpfung. Und vielleicht trifft diese Formel die theologische Wirklichkeit, die Natur eurer ureigenen Berufung in dieser Epoche der Kirche, in der wir leben und in der ihr berufen seid zu leben und zu arbeiten‘“[62].

Peter Berglar bietet in seinem Buch *Opus Dei*[63] u. a. eine gut dokumentierte Darstellung über das, was der Gründer über die Heiligung der Arbeit lehrt. Daraus sei hier nur ein kleiner Abschnitt angeführt:

„Arbeit hat Zweck und Arbeit hat Sinn. Daß ein Bauer das Land bestellt, daß er sät, Unkraut und Schädlinge bekämpft, mäht, wieder umbricht, geschieht zum Zweck des Erntens. Diese Ernte hat dann den Zweck, ihn und andere zu ernähren, für diesen Zweck wird gedroschen, gemahlen, versandt, verkauft, kurz, der Ernteertrag verwertet. Zugleich aber ist es der Sinn des Bauerseins, Ernten einzubringen oder Viehwirtschaft zu betreiben: jedoch nicht nur, um sich selbst zu ernähren, ja nicht einmal nur um Mitmenschen ernähren zu helfen, sondern auch um den Sinn seines Daseins als Bauer eben zu konkretisieren und, sofern er Christ ist, zu materialisieren, indem er dem göttlichen Auftrag zum Dienst an der Welt und am Nächsten um der Lie-

be und um des Heils willen entspricht. Das gilt in ganz gleicher Weise für alle Berufe und Stände und ist leicht einsehbar und annehmbar, solange Zweck und Sinn der Arbeit als Zweck und Sinn des Daseins erkennbar, solange der Zusammenhang deutlich und überschaubar ist.
Es wird schwerer, wenn *Arbeitszweck* und *Daseinssinn* auseinanderzuklaffen scheinen; der Galeerensträfling weiß zwar, daß er rudert zum Zweck der Fortbewegung des Schiffes, aber um dies auch als Daseinssinn zu erkennen oder gar zu akzeptieren, müßte er in den Sinn von Leid und Strafe für sein Dasein eindringen; das heißt, mit anderen Worten, er müßte seine Lage als Identifizierungsmöglichkeit mit Christus begreifen. Doch da ihn dies in der Regel überfordern dürfte, wird er seine ‚Arbeit' hassen. Ein ähnlicher Effekt kann eintreten, wenn die Frucht der Arbeit, ihr Ergebnis — womit nicht Gehaltskonto oder Lohntüte, sondern das Gearbeitete, im Sinne von ‚Gemachtem' oder ‚Geleistetem' gemeint sind — in eine schier nicht mehr warnehmbare Ferne gerückt wird. Das berührt das allgemein bekannte Problem der Arbeit etwa am Fließband oder des ‚ewig gleichen' mechanischen Handgriffs in vielen technischen Fertigungsprozessen oder das ‚Ich-Vernichtungsgefühl' als winziges Rädchen einer Riesen-Organisation. Der Handwerker konnte sagen: diesen Tisch habe ich gezimmert; das gab ihm Freude und Befriedigung. Die Büroangestellte in der Abteilung Leergutverwaltung eines Großunternehmens oder der Mitarbeiter, der acht Stunden lang eine Schaltanlage beaufsichtigt, ob irgendwo ein rotes Lämpchen eine Störung anzeigt — sie werden im allgemeinen wohl kein ‚Erfolgserlebnis' ihres Tuns bzw. Nicht-Tuns haben; deshalb werden sie, mehr oder minder bewußt, freudlos und messen ihr Leben nach Freizeit, Krankfeiern

und Herannahen des Rentenalters. Der Akzent ihres Daseins verschiebt sich auf die Zeiten der Nichtarbeit.
In Josemaría Escrivá de Balaguers Verkündigung kommt dem Thema ‚Arbeit' eine überragende Bedeutung zu. Und das ist nur natürlich, denn ‚arbeiten' ist die durch nichts anderes zu ersetzende Weise, auf die der normale Christ das Ziel seines Daseins — und im Opus Dei die Erfüllung seiner Berufung —, die Heiligkeit, anstreben muß. Er ist Mitarbeiter Jesu Christi — und zwar nicht ‚allegorisch', nicht ‚bildlich', nicht ‚im übertragenen Sinne', sondern wörtlich genommen. Und das schließt ein, daß seine Mit-Arbeit auch Kreuzesnachfolge und Apostolat ist. Gerade dieser Miterlösungs-Charakter der gewöhnlichen Arbeit ist es, der Escrivá als Herzstück des Opus Dei von Gott vor Augen gestellt worden ist. ‚In einem machtvollen Licht', so sagt es die Postulationsschrift[64], ‚das Gott ihm am 7. August 1931 schenkte, sah sich der Diener Gottes mit noch größerer Klarheit darin bestärkt, daß der Herr das Opus Dei hatte errichten wollen, damit es in allen Berufen und Tätigkeiten dieser Welt Männer und Frauen gäbe, die, eins mit Christus am Kreuz, die konkrete Obliegenheit jedes Augenblicks heiligen! An jenem gleichen Tage schrieb er:
‚Heute feierte diese Diözese das Fest der Verklärung unseres Herrn Jesus Christus. Während ich in der Hl. Messe meine Anliegen empfahl, gab ich mir Rechenschaft über die innere Wandlung, die Gott in mir während dieser Jahre des Aufenthalts in Madrid gewirkt hat . . . und dies, so kann ich sagen, trotz meiner selbst, ohne mein Dazutun. Ich glaube, daß ich den Vorsatz erneuerte, mein Leben ganz an die Erfüllung des göttlichen Willens zu setzen: an das Werk Gottes. (Ein Vorsatz, den ich auch in diesem Augenblick mit meiner ganzen Seele erneuere.) Es kam der Moment der

Konsekration: in dem Augenblick, da ich die gewandelte Hostie emporhielt, ohne die geschuldete innere Sammlung zu verlieren, ohne mich abzulenken — ich setzte ‚in mente' die Aufopferung an die barmherzige Liebe fort — da kam mir mit unerhörter Kraft und Klarheit jene Schriftstelle in den Sinn: ‚und wenn Ich von der Erde erhöht sein werde, werde Ich alles an Mich ziehen.' Normalerweise habe ich Furcht vor dem Übernatürlichen"[65]. Danach dann das: ‚Fürchte dich nicht, Ich bin es' . . . Und ich begriff, daß es Männer und Frauen Gottes sein werden, die das Kreuz und die Lehre Christi an die Spitze jeder menschlichen Tätigkeit setzen werden . . . Und ich sah den Herrn triumphieren und alles an Sich ziehen . . .' "[66].

Was will der Herr an sich ziehen? Alles, die ganze Welt, die ganze Schöpfung, die er nicht nur aus Liebe ins Dasein gerufen, sondern für die er sich aus Liebe selbst hingegeben hat in den Tod (vgl. Joh 3,16-17). Es ist die gleiche Welt, zu deren Bearbeiter und Hüter er den Menschen mit dem Schöpfungsauftrag berufen hat. Es ist die Welt, die durch des Menschen Gestaltung ihren Sinn erfährt. Durch uns also will er sie an sich ziehen, wie er uns an sich zieht, damit wir eins seien in ihm (vgl. Joh 17,21-24).

Wie sollen wir unsere Aufgabe dazu wahrnehmen? Hören wir Escrivá selbst: „Wir dürfen dem Herrn nichts anbieten, das nicht in dem Maße, wie unsere menschliche Unzulänglichkeit es erlaubt, vollkommen, fehlerlos und auch im Kleinen vollendet ist. Gott nimmt eine hingepfuschte Arbeit nicht an. In der Heiligen Schrift heißt es: *Etwas Fehlerhaftes dürft ihr nicht darbringen, denn es wäre seiner nicht würdig* (Lev 22,20). Deshalb soll die Arbeit, die unseren Tag ausfüllt und unsere ganze Kraft in Anspruch nimmt, eine Opfergabe sein, die des Schöpfers würdig ist, ein vollendetes, tadelloses Werk: *operatio Dei,* Arbeit von Gott und für Gott.

Die Menschen, die das Leben Christi aus der Nähe beobachten konnten, haben von seinem Wirken oft mit Bewunderung gesprochen; ein Wort gibt es dabei, das in gewissem Sinne alle anderen miteinschließt. Ich meine den spontanen Ausruf, in dem Staunen und Begeisterung des Volkes angesichts der Wunder des Herrn mitschwingen: *bene omnia fecit* (Mk 7,37), alles hat Er wunderbar getan. Alles: die großen Wunder ebenso wie die kleinen Dinge des Alltags, ihnen, die ohne Glanz waren, gab Christus jene Vollkommenheit, die Ihm eignet, der *perfectus Deus, perfectus homo*[67], vollkommener Gott und vollkommener Mensch ist.

Im Leben unseres Herrn finde ich alles liebenswert. Aber ganz besonders fühle ich mich von den dreißig Jahren angezogen, in denen Er ein verborgenes Dasein in Bethlehem, in Ägypten und in Nazareth führte. Oberflächlicher Betrachtung mag diese Zeit, eine recht lange Zeit, von der da im Evangelium kaum die Rede ist, bedeutungslos und nichtssagend erscheinen. Aber ich habe dieses Schweigen über das Leben unseres Meisters immer für sehr beredt gehalten und darin eine herrliche Lektion für den Christen gesehen. Es waren Jahre, angefüllt mit Arbeit und Gebet, in denen Jesus ein normales, alltägliches Leben — ein Leben, wenn wir so wollen, wie das unsere — geführt hat, ein zugleich menschliches und göttliches Leben . . .

Es muß uns deshalb klar sein, daß die Arbeit eine großartige Wirklichkeit und zugleich ein unausweichliches Gesetz ist, dem alle Menschen, mögen sich auch manche für nicht betroffen halten, auf die eine oder andere Weise unterworfen sind. Prägt es euch gut ein: Die Pflicht zu arbeiten ist weder eine Folge der Erbsünde noch eine Erfindung der Neuzeit. Die Arbeit ist vielmehr das notwendige Existenzmittel, das Gott uns auf Erden anvertraut; er gibt uns die Tage und läßt uns an seiner Schöpfermacht teilhaben, damit wir uns unseren Lebensunterhalt verdienen und gleichzeitig *Frucht für das ewige Leben* sammeln (Joh 4,36): *Der Mensch wird geboren zur Arbeit, die Vögel zum Fluge* (Job 5,7)"[68]. Wie diese Lektion des verborgenen Lebens Jesu nicht weniger als sein arbeitsreiches öffentliches Leben zu seiner Heilsstiftung für die Welt gehört, die wir in den Mysterien der Kirche feiern, so vermag auch der Mensch, der Glied am Leibe Christi ist, sein ganzes Tun, seine tägliche Arbeit — und sei sie noch so bescheiden — einzubringen in das Werk der Miterlösung, wozu es berufen ist. Dieses hier nur angedeutete und beiweitem nicht erschöpfte Thema unter verschiedenen Gesichtspunkten ein wenig zu erläutern und zu vertiefen, dem dienen die nachfolgenden Referate.

Anmerkungen:

1 Dazu der im Jahre 1905 geschriebene Aufsatz von Max Weber, „Asketischer Protestantismus und kapitalistischer Geist", wieder gedruckt in: ders. *Soziologie, Wissenschaftliche Analysen, Politik*, (4. Aufl.) Stuttgart 1964, ebenso „Die protestantische Ethik und der Geist des Kapitalismus" in: *Aufsätze zur Religionssoziologie*, (5. Aufl.) 1963, 30-62.

2 Vgl. Franz Hengsbach/Anton Rauscher SJ/Alfonso Lopez Trujillo/Roger Vekemans SJ/Wilhelm Weber, *Kirche und Befreiung*, Aschaffenburg 1975. Die „Befreiungstheologie" geht von der gleichen suspendierenden, wenn nicht negativen, Prämisse aus wie die calvinistische Ethik im Sinne von Max Weber, ihre Konsequenzen weisen freilich in den Raum der Utopie, der Flucht in eine irreale als „zukünftig machbare" Welt.

3 Thomas v. Aquin, *In Metaphysicam Aristotelis V*, lect. 12 n. 922: „Dicit quot modis dicuntur opposita . . . Aliquid enim contraponitur alteri vel opponitur aut ratione dependentiae, qua dependet ab ipso, et sic sunt opposita relative. Aut ratione remotionis, quia scil. unum remo-

vet alterum. Quod quidem contingit tripliciter. Aut enim totaliter removet nihil relinquens, et sic est negatio. Aut relinquit subjectum solum, et sic est privatio. Aut reliquit subiectum et genus, et sic est contrarium."

Die „privatio" scheint mir im Zusammenhang eine Überwindung jener m. E. übertriebenen und ungerechtfertigten Kritik zu bieten, die Jacques Maritain, *Le paysan de la Garonne*, Paris 1966, S. 73-79, an der Theologie der Spiritualität und nicht zuletzt gerade an Johannes vom Kreuz geäußert hat. Maritain wirft der spirituellen Tradition der sogenannten „Weltverachtung" schlichtweg Manichäismus vor. Wie weit Maritains Perspektive vor allem hinsichtlich seiner „*Welt*anschauung" verzerrt ist, mag dahingestellt bleiben; man sollte zur Frage nicht Stellung nehmen, ohne die kritische Analyse von Kardinal Joseph Siri, *Gethsemani*, Stein am Rhein 1982, zum Maritainschen Denken zurategezogen zu haben. Vgl. zum Ganzen das überaus instruktive Werk von José Luis Illanes, *La santificación del trabajo*, (6. Aufl.) Madrid 1980, hier besonders S. 21 und 44-59.

4 II. Vatikanisches Konzil, *Lumen gentium*, 44; vgl. *Perfectae caritatis*, 5; vgl. Cyprian v. Karthago, *Contra Celsum*, 6 - PL 4,446; *Epistula I ad Donatum*, 14 - PL 4,220; Athanasius, *De Virginitate*, 18 - PG 28,273; Johannes Chrysostomus, *Adversus oppugnatores vitae monasticae*, 3,11 - PG 47,366; Augustinus, *De musica*, 6,16,52 - PL 32,1190; Eucherius, *Epistula paraenetica de contemptu mundi* - PL 50,717; Gregor d. Gr., *Moralia*, 8,94.92 - PL 75,790; *In Evangelium homiliae*, 17,14 - PL 76,1146; Johannes Moschus, *Pratum spirituale*, 194 - PG 87,3,3076.

5 II. Vat. Konzil, *Lumen genitum*, 31.

6 Ebd.

7 Vgl. dazu *Theologia Moralis S. Alphonsi de Ligorio* (ed. Mich. Heilig) Mecheln 1852, Lib. 4, Tract. 6 passim, speciatim n. 977.

8 Marie Dominique Chenu, Art. „Arbeit" in: *Historisches Wörterbuch der Philosophie*, Darmstadt 1971, 480.

9 Friedrich Schiller, *Über die ästhetische Erziehung des Menschen*, (hrsgg. von Benno von Wiese), Nationalausgabe Bd. 20, Weimar 1962, 327. Hinweis bei Chenu, aaO. 484.

10 Vgl. *Historisches Wörterbuch der Philosophie*, aaO. 482.

11 Vgl. Peter Berglar, *Schiller oder Der heroische Irrtum*, Bonn 1959.

12 Vgl. Hans Eduard Hengstenberg, *Evolution und Schöpfung*, München 1963.

13 *Handwörterbuch der Staatswissenschaft*, Bd. 1, Jena (4. Aufl.) 1921, 368.

14 Josef Pieper, *Muße und Kult*, München 1948.

15 Ernst Jünger, *Der Arbeiter — Herrschaft und Gestalt.* Programmatische Studie des technischen Zeitalters, Hamburg, 1932.

16 Max Scheler, *Die Stellung des Menschen im Kosmos*, Bonn 1928.

17 Arnold Gehlen, *Die Seele im technischen Zeitalter*, Hamburg 1957, 8.

18 Vgl. Arnold Gehlen, aaO. ebd. ferner *Der Mensch — Seine Natur und seine Stellung in der Welt*, Bonn 1955.

19 *Der Große Herder*, Bd. I, Freiburg i. B. 1931 sagt Sp. 833: „Arbeit ist die planmäßige Betätigung der körperlichen oder geistigen Kräfte zur Erreichung eines bestimmten Zieles, unterschieden von Spiel und mechanischer oder zufälliger Betätigung". Das *Staatslexikon* im Auftrag der Görresgesellschaft (hrsgg. von Hermann Sacher, 5. Aufl.) Freiburg i. B. 1926, Sp. 241 schreibt: „Arbeit ist jede Anstrengung des Geistes oder des Körpers, welche ganz oder teilweise im Hinblick auf ein anderes Gut als die direkt von der Arbeit abgeleitete Lust unternommen wird". Die Nähe dieser Definition im Anschluß an A. Marshall zu einer petitio principii ist offensichtlich. Das *Lexikon für Theologie und Kirche*, Freiburg i. B. 1931 bietet praktisch keine Definition sowenig wie das *Katholische Soziallexikon*, Innsbruck--Wien-München-Graz-Köln (2. Aufl.) 1980 unter den einschlägigen Artikeln. Eine Tendenz zur Totalisierung des Begriffes verrät Oswald von Nell-Breuning SJ („Arbeit" in: *Philosophisches Wörterbuch* , hrsgg. v. Walter Brugger, 15. Aufl., Freiburg-Basel-Wien 1978, 24-25). Diese Tendenz verschärft die jüngste Aussage, Arbeit sei *jede* Aktivität, „in der der Mensch etwas Sinnvolles tut, worin er die Erfüllung seines Daseins finden kann" (vgl. Helmut Herles, „Die allmähliche Versöhnung der Gegensätze — Sozialpolitik und Christentum: Oswald von Nell-Breuning" in: *Frankfurter Allgemeine Zeitung*, 14. 7. 1984: Bilder und Zeiten).

20 Johannes Paul II., Enzyklika *Laborem exercens* (14. September 1981) Nr. 5; vgl. Arnold Gehlen, *Die Seele im technischen Zeitalter*, aaO., 7-22.

21 Arnold Gehlen, *Die Seele im technischen Zeitalter*, aaO.,16; vgl. Hanna Arendt, *Vita activa oder Vom tätigen Leben*, Stuttgart 1960. Wir sprechen im Kontext von „Humanisierung" der Welt durch die Arbeit. Es ist wichtig, auf diesen Sprachgebrauch zu achten. Er hat nichts gemein mit dem Schlagwort von der „Humanisierung der Arbeitswelt" (oder versteckter, wiel nur noch deren Effekt berührend, von „Humanisierung der Umwelt" o. ä. Umwelt hat der Mensch nämlich nur kraft der durch Arbeit erlangten Humanisierung). Denn die Redewendung von der „Humanisierung der Arbeitswelt" ist marxistischen Ursprungs. Sie setzt voraus, daß die Arbeit selbst (oder versteckter, die durch sie geschaffene Umwelt) noch inhuman sei, zumindest so, wie sie vorgegeben ist: als Entfremdung. Arbeit aber ist immer schon ein spezifisch humaner Akt, bzw. eine entsprechende Aktion. Arbeit ist per se nicht entfremdet (noch auch entfremdend). Hingegen ist die

Welt, so wie sie vorgegeben ist, zunächst dem Menschen „fremd". Durch die Arbeit hebt der Mensch die Fremdheit der Welt auf, macht sie urbar, „humanisiert" sie; er macht aus der Welt seine im spezifische Umwelt. In diesem Sinne sprechen wir von „Humanisierung der Welt".

22 Aristoteles, *Nikomachische Ethik,* 10,7-1177 b 5.

23 Aristoteles, *Politik,* 1278 a 7 und 21; vgl. zu Platon: *Politeia,* 564 c und 421 d.

24 Thomas v. Aquin, *Summa Theologiae,* I-II, 77,2 ad 1.

25 Hesiod, *Erga kai hémerai,* 289 ff; 298 ff; 303 ff; 311 ff (hrsgg. von U. von Wilamowitz-Moellendorf, Berlin 1928).

26 Vgl. die Angaben in *Der kleine Pauly — Lexikon der Antike,* Bd. 1, dtv-München 1979, Sp. 490 ff.

27 Vgl. Max Scheler, *Christentum und Gesellschaft,* Bd. 2, Leipzig 1924, 48 und 73.

28 Vgl. Arnold Gehlen, *Der Mensch — Seine Natur und seine Stellung in der Welt,* Bonn 1955; *Anthropologische Forschung,* Reinbek 1961, dort vor allem S. 93 ff.

29 Karol Wojtyla, *Person und Tat,* Freiburg-Basel-Wien 1981, 120 ff.

30 Mircea Eliade, *Das Heilige und das Profane — Vom Wesen des Religiösen,* Hamburg 1957; *Die Religionen und das Heilige,* Salzburg 1954. Wilhelm Schmidt, *Handbuch der vergleichenden Religionsgeschichte,* Münster 1930; ders. *Ursprung der Gottesidee,* Bde. 1-12, Münster 1926-1955.

31 Mircea Eliade, *Das Heilige und das Profane,* aaO. Einleitung S. 9.

32 Thomas v. Aquin, *Summa Theologiae,* I, 45, 5 c et ad 3; 47, 1 c; 90, 3 c; 104, 3 ad 1 et ad 3.

33 Vgl. Thomas v. Aquin, *Summa contra gentes,* II, 6-10, 15-27.

34 Vgl. Mircea Eliade, *Das Heilige und das Profane,* aaO. 13 ff; 18; 29; 38; ders. *Der Mythos der ewigen Wiederkehr,* Jena 1954.

35 *Novalis,* Auswahl und Einleitung von Walther Rehm, Frankfurt-Hamburg 1956, 83.

36 Vgl. Johannes Tauler, *Nachfolgung des armen Lebens Christi,* Bd. 2, Frankfurt 1833, 13.

37 Karol Wojtyla, *Der Gedanke ist eine seltsame Weite* — Betrachtungen — Gedichte, Freiburg-Basel-Wien 1979, 33-34.

38 *Katholischer Katechismus der Bistümer Deutschlands,* Düsseldorf 1955, 6 Frage-Antwort Nr. 1.

39 *Catechismo maggiore* promulgato da San Pio X, 1905, Reprint Mailand 1974, 23, Frage-Antwort Nr. 55.

40 Der hier gemeinte Funktionalismus ist ein Aspekt des die Neuzeit beherrschenden Themas der Hermeneutik. Das Umfeld skizziert u. a. Odo Marquard, „Frage nach der Frage, auf die die Hermeneutik die

Antwort ist", in: *Philosophisches Jahrbuch*, 88. Jahrg. 1981/1 HBd., 1-19. Zur katechetischen Problematik vgl. Joseph Kardinal Ratzinger, *Die Krise der Katechese und ihre Überwindung*, Einsiedeln 1983.

41 Diese Formulierung findet sich z. B. im *Katholischen Katechismus für das Erzbistum Köln* für die Frage-Antwort Nr. 1 im selben Wortlaut, gedruckt 1914, 1931 und 1954 jeweils Düsseldorf.

42 Vgl. Thomas v. Aquin, *Summa Theologiae*, I-II, 3, 2 ad 4; 112, 4 c et ad 1.

43 vgl. Anm. 1, ferner: Klaus M. Becker, „Elementare Spiritualität — Berufung und Nachfolge" in: *In Geist und Wahrheit – Aspekte der Spiritualität* (SINN UND SENDUNG Bd. 16) Sankt Augustin 1983, 91-152, vor allem 121 ff.

44 Leo Scheffczyk, „Die Heiligkeit Gottes: Ziel und Form des Christenlebens" in: *Gott der Heilige und das Heil* (SINN UND SENDUNG Bd. 6) Sankt Augustin 1979, 15-46, hier 34.

45 Paul Heinisch, *Das Buch Genesis* (Bonner Bibel) Bonn 1930, zu den hier zitierten Schriftstellen Gen 2,4b-5: S. 112-113.

46 Auf diese Ausdrucksweise der Vulgata bezieht sich häufig die spirituelle Exegese von Josemaría Escrivá de Balaguer, z. B. *Freunde Gottes*, aaO., Nr. 57; 81.

47 Stanford M. Lyman, *The Seven Deadly Sins; Society and Evil*, New York 1975, 50, zit. bei Georg Kamphausen, „Die Wiederentdeckung der Sünde" in: *Die politische Meinung*, Nr. 210, 28. Jhrg. Sept./Okt. 1983, 66-75.

48 Stanford M. Lyman, aaO., 4.

49 Ebd. 143.

50 Ernst Cassirer, *Die Philosophie der Aufklärung*, Tübingen 1932, 188.

51 Hans Asmussen, Einführungsvortrag zur Barmer-Erklärung der Deutschen Bekenntnis-Synode vom 29. bis zum 31. Mai 1934.

52 Vgl. Josemaría Escrivá de Balaguer, „Vor Gott und den Menschen" (Homilie 3. November 1963) in: *Freunde Gottes*, aaO., Nr. 154-174.

53 Vgl. Karol Wojtyla, *Der Gedanke ist eine seltsame Weite*, aaO., 34-35.

54 Thomas v. Aquin, *In Epistulam ad Ephesios*, cap. 4 lect. 9.

55 *Didaché*, 12, 3-5.

56 German Rovira, *Das Persönlichkeitsrecht auf Arbeit*, Salzburg-München 1978, 200.

57 Es kann an dieser Stelle nicht weiter auf die theologischen Ansätze des hl. Franz von Sales bezüglich der von Luciani gemeinten „Spiritualität der Laien" eingegangen werden. Die beste Studie dazu scheint mir im Werk von José Luis Illanes, *La santificación del trabajo*, (6. Aufl.) Madrid 1980, vorzuliegen.

58 Veröffentlicht in *Il Gazzetino*, 25. Juli 1978. Der Text ist hier wiedergegeben nach *Der Diener Gottes Josemaría Escrivá de Balaguer*,. Informationsblatt Nr. 3, Köln Juni 1980, 5.

59 Vgl. z. B. die Rezension von Eberhard Straub zum Buch von Peter Berglar „Arbeit als Gottesdienst" in: *Frankfurter Allgemeine Zeitung*, Literatur, 17. April 1984.

60 Es handelt sich im Wesentlichen um polemisches Schrifttum. Veröffentlichte und unveröffentlichte Belege können beim Verfasser eingesehen werden.

61 Johannes Paul II., Apostolische Konstitution *Ut sit* (28. November 1982) AAS 75 (1983) 423-425. Weitere Dokumente vgl. AAS 75 (1983) 464-468; vgl. Rudolf Schunck, „Die Errichtung der Personalprälatur Opus Dei" in: *Theologie und Glaube*, Nr. 2/1983, 91-107; ders. „Säkulare Spiritualität des Opus Dei" in: *Münchener Theologische Zeitschrift*, 1/1984, 47-59. Vgl. José Luis Gutiérrez, „De Praelatura personali iuxta leges eius constitutivas et Codicis Iuris Canonici normas" in: *Periodica de re morali, canonica, liturgica* (Pont. Universitas Gregoriana) Bd. 72 (1983) 71-111; Juan Ignacio Arrieta, „L'atto di erezione dell' Opus Dei in Prelatura personale" in: *Apollinaris*, Bd. 56 (1983) 89-114; Dominique le Tourneau, „L'Opus Dei en Prélature personelle: dans le Droit fil de Vatican II" in: *Revue des sciences Religieuses*, Bd. 57, Nr. 4 (1983) 295-309; Gaetano lo Castro, „Le Prelature personali per lo svolgimento di specifiche funzioni pastorali" in: *Il diritto ecclesiastico e rassegna di diritto matrimoniale*, Nr. 1, 1-2, (Mailand 1983) 85-146; Amedeo de Fuenmayor, „La errección del Opus Dei en Prelatura personal" in: *Ius Canonicum*, Bd. 23, Nr. 45 (1983) 9-24; Pedro Rodriguez/Amedeo de Fuenmayor, „Sobre la naturaleza de las Prelaturas personales y su inserción dentro de la estructura de la Iglesia" in: *Ius Canonicum* Bd. 24, Nr. 47 (1984) 9-47.

62 „Il Papa rispondendo alle parole del Prelato ha inaugurato ai membri dell' Opus Dei ‚di essere sempre più Opus Dei e di fare Opus Dei in ogni dimensione del mondo, humano ed anche del mondo creato. E forse in questa formula si trova la realtà teologica, la natura stessa della vostra vocazione in questa epoca della Chiesa che stiamo vivendo e in cui voi siete chiamati a vivere e ad operare' ". *(L'Osservatore Romano*, Lunedi-Martedi 16-17 Gennaio 1984, Beilage S. 4)

63 Peter Berglar, *Opus Dei – Leben und Werk des Gründers Josemaría Escrivá*, Salzburg 1983 (2. Aufl. ebd. 1984).

64 *Romana Postulazione della causa di Beatificazione e Canonizzazione del Servo di Dio Josemaría Escrivá de Balaguer y Albas, Sacerdote Fondatore dell' Opus Dei. Articoli della Postulazione*, Rom 1979, 253.

65 Berglar bemerkt hierzu an: „Das Wort ist hier im Sinne des Außernatürlich-Wunderbaren verwendet".

66 Peter Berglar, aaO., 281-283.
67 *Symbolum Athanasianum*, DS 75.
68 Josemaría Escrivá de Balaguer, *Freunde Gottes*, aaO., Nr. 55-57.

Leo Scheffczyk, München

Die Heiligung der Welt – Die Aufgabe des Christen

Es ist nicht leicht, dem Christen in der heutigen Weltsituation seine Verpflichtung zur Weltheiligung nahezubringen, wo alles im Gegenwartsbewußtsein auf Selbstgesetzlichkeit und Autonomie drängt und damit auch auf Abwehr jeden Scheines des Sakralen. Selbst in der Verkündigung der Kirche geht es heute oft mehr um Gerechtigkeit und Frieden in der Welt als um die viel anspruchsvollere Aufgabe der Heiligung[1]. Das Thema von der Heiligung der Welt steht deshalb heute auch in der Auseinandersetzung um die Bedeutung der Spannung oder des Gegensatzes von „profan“ und „sakral“. Auf dem Hintergrund dieser Auseinandersetzung läßt sich ein gewisses Vorverständnis für die Bedeutung wie auch für die Schwierigkeit des hier aufzunehmenden Vorhabens gewinnen.

1. *Die Auseinandersetzung um „profan“ und „sakral“ als geistiger Hintergrund*

Die Heiligung erscheint unter dem heute vorherrschenden Aspekt des welthaften, um nicht mit D. Bonhoeffer zu sagen, des „religionslosen Christentums“[2] als etwas Jenseitiges, aber beinahe auch als etwas Abseitiges für das moderne Lebensgefühl. Es werden mit diesem Thema angeblich Ansprüche erhoben, die in den Bereich des Mystischen hineinreichen, welche aber die weltliche Wirklichkeit, in die auch der Glaube eingepaßt sein muß, scheinbar nicht berühren. Das Schlagwort von der „Entsakralisierung“[3] entfaltet

eine Kraft, die dem Streben nach der Heiligung der Welt geradezu entgegenzuwirken scheint.
So macht sich denn auch die Tendenz im theologischen Denken bemerkbar, die Unterscheidung von „profan“ und „sakral“ aufzuheben und das Sakrale zu profanisieren, wofür es deutliche Anzeichen z. B. in der Veralltäglichung der Liturgie gibt[4]. Dies geschieht trotz der anderslautenden Ergebnisse der Religionswissenschaft, die das Sakrale nach wie vor vom Profanen unterscheidet[5], auch wenn sie damit nicht schon das christliche Verständnis trifft.
Daneben macht sich dann doch wieder eine merkwürdige Sakralisierung dieser Welt bemerkbar, die denkerisch und logisch im Widerspruch zur übermächtigen Entsakralisierungstendenz steht: Die Welt, auf der nicht mehr der von Gott kommende Glanz liegt, soll aus sich selbst diesen Glanz entfalten, und zwar durch Steigerung und Überhöhung ihrer immanenten Kräfte, durch ein Erstrahlen im eigenen Licht. Aber es ist ein kaltes Licht, das etwa von der Faszination der Technik ausgeht. Auch hat es den Charakter des künstlich erzeugten und des schnell entzauberten Ersatzmittels an sich. Zuletzt leben alle solche Ersatzmittel, wie sie sich etwa im Starkult, in der Glorifizierung von sportlicher Leistung oder in der sakramentalen Anmaßung weltlicher Festgestaltungen zeigen, aus einer pantheistischen Wurzel, die das angeblich Unendliche der Welt mit dem Göttlichen identifiziert. Aber schon A. Schopenhauer hat es unbeschönigt ausgesprochen, daß der Pantheismus nur eine euphemistische Umschreibung des Atheismus ist. Diese Hochstilisierung des Irdischen, die immer mit dem Phänomen einer gewissen „Weltfrömmigkeit“[6] zusammengeht, welche sich etwa auch in den quasi-liturgischen Demonstrationen autoritärer Systeme andeutet, ist ein

besonders ausdrucksvolles Kriterium für die Ambivalenz und die Dialektik des Verhältnisses der modernen Welt zum Sakralen und zum Heiligen: Man möchte einerseits das Sakrale in die Welt der Profanität einebnen und die Differenz aufheben; man möchte andererseits das Sakrale doch auch wieder zurückholen, wenn auch auf rein immanentistischem Wege. Das ist zwar inhaltlich und sachlich ein Widerspruch, an dem sich jedoch zeigt, daß die Differenz von „profan" und „sakral" nicht aufzuheben ist und daß sie im christlichen Weltverständnis einen tiefen Sinn gewinnen kann.

Das Schwanken des modernen Geistes zwischen Profanisierung und Sakralisierung beweist die Notwendigkeit der rechten, christlichen Verhältnisbestimmung von „profan" und „sakral".

Mit dem Thema „Heiligung der Welt" kommt etwas vom christlichen Verständnis dieser Differenz zum Vorschein, das allerdings eigens bedacht werden muß. Wenn nämlich der christliche Glaube von Heiligung der Welt spricht, so will er die Welt als solche damit weder abwerten noch auch nachfolgend divinizieren. Es ist deshalb ein unzutreffender Vorwurf an die Adresse des Christentums, wenn gesagt wird, es würde einer einseitigen dualistischen Trennung von „profan" und „sakral" das Wort reden und damit die Welt erniedrigen, um die Kirche als sakralen Bereich zu erhöhen. Wenn es eine Heiligung der Welt im christlichen Verständnis gibt, dann ist ja der Gegensatz von Welt und Gott, von „profan" und „heilig" der Intention nach schon überbrückt und eine Vermittlung angestrebt, die auch die sog. Profanität der irdischen Dinge in ein bestimmtes positives Verhältnis zum Heiligen setzt.

Indem man so das Christentum aber vor dem Vorwurf des dualistischen Auseinanderreißens von „profan“ und „heilig“ schützt, muß man eines anderen Vorwurfes gewärtig sein, der dahin geht, daß dann ja durch Heiligung die Welt wieder sakralisiert, christifiziert oder verkirchlicht werden könnte, was wiederum in das andere Extrem der Entmündigung und Entwirklichung der relativ autonomen Welt gehen würde. Aber die Heiligung der Welt ist eben auch nicht als Aufhebung ihres geschöpflichen Eigenseins zugunsten einer Gleichsetzung mit Gott zu verstehen.

Man sieht daraus, welche Probleme sich auf dem Hintergrund unserer Gegenwart aus der Aufhebung der Differenz von „profan“ – „sakral“ ergeben, welche denkerischen Aufgaben sich aber auch bei der Anerkennung dieser Dualität einstellen.

Darum hat christliches Denken allen Anlaß, hierin mit dem unverbildeten menschlich-religiösen Denken übereinstimmend, an der Spannung zwischen dieser Dualität festzuhalten, die jeden Dualismus abweist, aber auch eine einseitige Sakralisierung der Welt vermeidet.

Das läßt sich an einem ersten inhaltlichen Gedanken erweisen, der die biblisch-theologische Begründung für die Heiligung darbieten soll.

2. *Der biblisch-heilsgeschichtliche Grund des Auftrags zur Weltheiligung*

Das Alte Testament scheint zunächst für eine solche Begründung nichts Entscheidendes abzuwerfen, weil es den Begriff des Heiligens im ursprünglichen Sinne als Ausgrenzen und Aussondern aus dem Weltlichen versteht und so im scharfen Gegensatz zum Profanen denkt. Die Aussonderung des Heiligen gilt nicht nur von Jahwe als der unantastbaren Majestät und Herrlichkeit, sie gilt auch in der Form der kultischen Heiligkeit für besondere Orte, Zeiten und Menschen, die wie Priester und Hohenpriester für Jahwe ausgesondert und heilig sind (vgl. Ex 28,36). Demgegenüber kann das Profane sogar als das Unreine gelten, und gewisses Unreines kann niemals für Jahwe ausgesondert und kultisch heilig werden[7].

Insgesamt hat die Einzigartigkeit des israelitischen Monotheismus die Spannung zwischen „profan" und „heilig" stark ausgeführt, damit freilich auch zu einer Überwindung der heidnischen Sakralität der Welt beigetragen. Gegenüber der Vergöttlichung des Irdischen im Heidentum hat es eine Entsakralisierung und Entdivinisierung der Welt geleistet. Das gelang Israel vor allem durch die Erkenntnis der Schöpfungswahrheit, auf Grund deren alles Geschöpfliche in Differenz zum Göttlichen gesetzt und in seine Eigenständigkeit entlassen wurde, die freilich immer eine relative, eine gottbezogene und theonome, jedenfalls keine schlechthin autonome war[8].

Was diese Entsakralisierung der in Relation zu Gott stehenden Menschenwelt für die Heiligung der Schöpfung besagt, wird vom Alten Testament nicht ausdrücklich entfaltet. Aber es ist nicht anzunehmen, daß die Wahrheit von der Heiligung der ganzen Schöpfung ohne jede Spur im Alten Testament sein könnte. Zwar ist das auserwählte Gottesvolk das einzig von Gott ausgesonderte und heilige (vgl. Lv 17-26), und dies im äußeren kultischen wie im inneren sittlichen Sinn. Nur für Israel gilt, daß Jahwe, „der Heilige, in seiner Mitte" ist (Hos 11,9). Auch nach Jesaja ist Jahwe ausschließlich „der Heilige Israels" (Jes 12,6; 17,7; 29,19). Aber es gibt neben dem partikularistischen Heilsglauben und Heiligkeitsglauben Israels doch auch eine universalistische

Komponente, die schon im Abrahamssegen anklingt (Gen 12,2 f) und die dann bei Deuterojesaja (49,22 f) wie beim Propheten Haggai (Hag 2,6-8) in dem Bild von der Völkerwallfahrt zum Berge Zion noch deutlicher hervortritt[9]. Nach diesem Bild werden die Völker in der Endzeit an der Verehrung Jahwes teilnehmen und des Heiles teilhaftig werden. Bei der schon bei Deuterojesaja vorhandenen Verbindung von Heiligkeit und Heil wird hier zunächst die endzeitliche Heiligung der Völkerwelt als Verheißung erkennbar. Darin liegt wenigstens der Gedanke eingeschlossen, daß Israel innerhalb der Geschichte auch für das Heil und Heiligkeit des Ganzen eintritt und in einer gewissen Stellvertretung fungiert.

Das Neue Testament erweist sich hierin als eine wirkliche Steigerung, die nicht mehr aus bloßer Kontinuität oder als Ergänzung des Alten erklärt werden kann[10]. Dabei ist bezüglich der doch auch vorhandenen Kontinuität zu erkennen, daß auch das Neue Testament an der Polarität von Profanität und Sakralität festhält und die Heiligkeit Gottes wie der göttlichen Dinge von der Weltlichkeit abhebt, diese aber als solche selbstverständlich nicht ohne Beziehung zum Schöpfergott sieht. Ja, diese Spannung erfährt in einer Hinsicht sogar eine Verschärfung, indem nämlich das Heilige weniger physisch-dinglich als mehr ethisch-personal gefaßt wird und so der sündhaften, unerlösten, von der Finsternis beherrschten Welt (vor allem im johanneischen Sinne verstanden: Joh 7,7 u. ö.)[11] entgegengesetzt wird (vgl. auch Apg 26,18; Eph 2,19).

Aber diese zuerst aufkommende Distanzierung zur geschaffenen und sündigen Welt bedeutet für das Neue Testament gleichsam nur den vorbereitenden Schritt zu einer um so intensiveren und entschiedeneren Hinwendung zur Welt.

Sie ist motiviert und verursacht durch den universalistischen Heilsgedanken, der hier auf der Stufe der endzeitlichen Verwirklichung des Heiles keine partikularistische Einschränkung mehr verträgt, sondern sich an alle und an die ganze Welt richtet.

Dabei werden Sache und Anliegen der Heiligung nicht unter einer einzigen Vorstellung und einem einheitlichen Begriff wiedergegeben und dargelegt. Sie wird vielmehr in einer Reihe von Einzelzügen und Einzelthemen entfaltet, die in einer legitimen Einzelschau zusammenzufügen sind[12]. Dazu gehören an erster Stelle die neutestamentliche Wahrheit, daß in der Menschwerdung, also in Christus, die Heiligkeit schlechthin verwirklicht ist, weil Christus Gottes Sohn (Lk 1,35) und als Mensch in einzigartiger Weise Träger des Geistes ist. Gottessohnschaft und Heiligkeit Jesu gehen ineinander über. Entsprechend ist Christus heilig wie der Vater, so daß er im 4. Evangelium und in der Geheimen Offenbarung auch als „der Heilige Gottes" (Joh 6,69)[13] bezeichnet werden kann (Offb 3,7; vgl. Röm 1,4; 1 Petr 3,15). Diese seine Heiligkeit ist aber zur Auszeugung in der Welt bestimmt. Vor allem nach dem Johannes-Evangelium wird die Heiligung mit dem Heilswerk Christi verbunden. Hier ist von Christus gesagt, daß der Vater ihn „geheiligt und in die Welt gesandt hat" (Joh 10,36). Das Ziel dieser Sendung des vom Vater Geheiligten liegt aber in der Heiligung der Jünger; denn es gilt sein Wort: „Wie du mich in die Welt gesandt hast, so habe auch ich sie in die Welt gesandt. Und ich heilige mich für sie, damit auch sie in der Wahrheit geheiligt sind" (Joh 17,18 f).

Solche Heiligung durch Christus bleibt aber nicht auf die Jünger beschränkt. Sie weitet sich auf die Kirche als „Gemeinde der Heiligen" aus, die von Christus selbst geheiligt

wird. Diese Heiligung hat Christus grundsätzlich und ein für allemal in seiner Liebeshingabe am Kreuz vollzogen. Aber sie geht weiter im Sakrament, wie es die Aussage im Epheserbrief besagt: „... wie Christus die Kirche geliebt und sich für sie hingegeben hat, um sie im Wasser und durch das Wort rein und heilig zu machen" (Eph 5,26).
In wiederum abgewandelter Weise wird im Hebräerbrief das Versöhnungsopfer Christi als Mittel zur Heiligung genannt. Durch sein Opfer vollbringt er die Heiligung an den Seinen; denn „wir sind durch die Opfergabe des Leibes Jesu Christi ein für allemal geheiligt" (Hebr 10,10).
Auch wenn das Neue Testament verständlicherweise zunächst die Heiligung des eigenen Lebens zur Aufgabe macht und die Dynamik des Werkes Christi wie des Geistes der Heiligkeit in das Leben der Gemeinde wie des einzelnen leitet, so ist diese Heiligungskraft selbstverständlich nicht auf die sog. Selbstheiligung begrenzt und mit ihr erfüllt.
Die nach außen gewendete Dynamik wird zwar weniger mit dem Begriff der Heiligung umschrieben. Nur gelegentlich wird dieser Begriff gebraucht, etwa in der bezeichnenden Aussage von 1 Kor 7,14, daß der ungläubige Ehepartner vom gläubigen geheiligt werden kann (wohl im Sinne der auch auf die Nichtgetauften übergehenden Segenskraft Christi zu verstehen) und daß nach 1 Tim 4,5 alles Geschaffene geheiligt wird durch Gottes Wort und durch das Gebet. Um einen neuen Zug bereichert Paulus den Universalismus des Erlösungs- und Heiligungsglaubens, wenn er ihn auch auf die materielle Schöpfung bezieht und erklärt: „Die ganze Schöpfung wartet sehnsüchtig auf das Offenbarwerden der Söhne Gottes" (Röm 8,19); denn „auch die Schöpfung soll von der Sklaverei und Verlorenheit befreit werden zur

Freiheit und Herrlichkeit der Kinder Gottes" (Röm 8,21). Weil die Gesamtschöpfung durch die Sünde Adams in Knechtschaft geriet und versehrt wurde, muß sich auch die Erlösung in Form der Herrlichkeit (doxa) auf sie auswirken, und dies vermittels der Verklärung des Menschen, welcher Verantwortung für das Ganze trägt[14]. Vom erlösten Menschen, dessen neues Sein jetzt schon anhebt (vgl. 2 Kor 3,17 f), soll gleichsam ein Reflex auf die ganze Schöpfung fallen, welcher auch sie verändert. Hier kommt an einem Einzelwort die allumfassende kosmische Wirkung von Heil und Heiligung zum Ausdruck, über deren Wesen und Inhalt Paulus freilich keine genauere Auskunft gibt, so daß schon Augustinus die Aussagen dieses Kapitels als schwierig bezeichnete[15].

Aber man ist nicht auf solche einzelne Aussagen angewiesen, um das Ausgreifen der Heiligung auf die ganze Menschenwelt und die Schöpfung begründen zu können. Diese Dynamik ist schon im allgemeinen Universalismus des neutestamentlichen Heilsverständnis angelegt. Bereits die Reich-Gottes-Predigt Jesu liefert den Beweis dafür[16]; denn dieses Reich oder die Gottesherrschaft ist inhaltlich bestimmt als „Gerechtigkeit, Friede und Freude im Heiligen Geist" (Röm 14,17). Es ist inhaltlich eine Wirklichkeit der Gnade, weshalb als notwendige Voraussetzung zum Gewinn des Gottesreiches auch die Umkehr und die Abkehr von der Sünde gehört. Insofern das Gottesreich das Zentrum der Verkündigung Jesu ausmacht, diese Verkündigung aber trotz der strengen Bedingungen für den Eintritt ins Gottesreich (vgl. Mk 1,15; Mt 4,17) universal bleibt, ist seine Bestimmung für alle Menschen und für den ganzen Kosmos eine Grundgegebenheit der frohen Botschaft, des *euangellion.* Die zusätzliche Verbindung mit dem neutestamentlichen Missionsgedanken (vgl. Mt 28, 18-20) macht vollends klar, daß die ganze Welt, zunächst als Menschenwelt verstanden, mit dem Heil in Christus vereint werden soll, konkret: mit ihm selbst, auf den hin nach dem Kolosserbrief (Kol 1,16) alles geschaffen ist und in dem nach dem Epheserbrief alles vereint oder neu behauptet werden soll (Eph 1,10).

Allerdings ist auch zu sehen, daß das Nahen des Reiches der Gnade und Wahrheit verbunden ist mit Kraftwirkungen in der äußeren Welt wie mit Trost, mit Heilungen und mit Dämonenaustreibungen. Sie zeigen an, daß sich die Heiligung auch im Äußeren zeichenhaft kundtut (vgl. Mt 11,2-6; Lk 7,18-23).

Freilich ist das Reich Gottes als solches eine eschatologische Größe, die sich mit dem Kommen Christi erst anbahnt. Zur Verwirklichung des Reiches Gottes und als Instrument seiner Realisierung ist die Kirche Christi geschaffen und eingesetzt. So ist auch nach neutestamentlichem Denken alles, was für die Fortführung der Erlösung und über die Heiligung der Welt gesagt ist, auf die Existenz und auf das Wirken der Kirche bezogen[17]. Sie gilt deshalb als der Sauerteig, der die ganze Schöpfung durchwirken soll, als das Salz der Erde, als das Licht auf dem Leuchter oder die Stadt auf dem Berge, welche auch als nur kleine Herde in der Weise der Proexistenz für die Vielen der Heiligung der Welt dienen soll.

Die Kirche erscheint hier als die Keimzelle der Weltverwandlung, als Instrument zur Heiligung und Heilung der Welt, ein Ziel, das auch dann als verpflichtend anerkannt bleibt, wenn sich die Welt diesem Streben widersetzt und wenn die Sünde es niederzuhalten sucht.

Die Kirche vermag diese Wirkung zu vollbringen, weil in ihr Christus selbst gegenwärtig bleibt, in dem zuletzt nach dem Pauluswort alles vereint werden soll. Da die Kirche als Leib Christi[18] aber aus lebendigen Gliedern, eben aus Personen besteht, geht die Verpflichtung der Kirche auch auf die einzelnen über. An der dem Christen verpflichtend auferlegten Aufgabe zur Heiligung der Welt kann deshalb kein Zweifel sein.
Damit ist aber über die Tragweite, den Sinn und den Gehalt der Weltheiligung noch nicht entschieden.

3. *Der theologische Sinn der Weltheiligung*
Schon die Erwägungen über den Gegensatz von „profan" und „sakral" konnten deutlich werden lassen, daß der Auftrag zur Heiligung der Welt in einer Situation, die durch das Schlagwort der „Entsakralisierung" bestimmt ist, auf manche geistige Hindernisse stoßen und unverständlich wirken kann. Im Zentrum dieser Wahrheit steht zuletzt eine entschiedene Glaubensüberzeugung vom Christusgeheimnis, näherhin vom Mysterium der Inkarnation, das gleichsam den Modellfall abgibt für die Einigung alles Geschaffenen mit dem Göttlichen.
Heiligung der Welt durch Gott ist ja ein Einigungs- und Vermittlungsprozeß, der sein Ur- und Vorbild in dem gottmenschlichen Mittler Christus hat. Wo aber dieses Urbild nicht mehr verstanden und anerkannt wird, d. h. wo sich der Glaube an den Gottmenschen etwa zur Annahme eines nur höheren Menschen verflüchtigt, dort kann sich das Heilige Gottes dem Geschöpflichen nicht mehr vermitteln. So ist der Schwund des Christusglaubens der Grund für den Schwund der Wahrheit von der Heiligung der Welt.

Ein solcher Ausfall tritt aber auch dort ein, wo die Wirkung der Vereinigung von Göttlichem und Menschlichem in Christus einseitig und undialektisch gesehen und (wie es heute oft geschieht) etwa nur als Freigabe der Schöpfung zu ihrer Eigentlichkeit und als Befreiung zur reinen Weltlichkeit verstanden wird[19].

Diese theologische Hypothese, die mit der Säkularisierungsauffassung als legitimer Folge des Christentums zusammenhängt, meint, daß die Menschwerdung Gottes alles Geschöpfliche nur in seine volle Geschöpflichkeit entlassen habe, insofern sich Gott selbst in das Geschöpfliche hineinbegeben habe. Er habe es so im descensus seiner selbst in seiner Geschöpflichkeit bestätigt und als reine, echte Weltlichkeit konstituiert, die von jeder Sakralität frei sei und gerade in der Anerkennung dieser ihrer Unabhängigkeit dem Willen Gottes und so auch dem christlichen Glaube entspreche. Aber dieses Entsprechen besagt eigentlich nur eine rein formale, inhaltlose Bestimmung oder den Glauben daran, daß Gott die Welt angenommen habe.

J. B. Metz bringt dafür auch ein konkretes Beispiel, das sogar dem Thema dieser Tagung nahekommt[20]. Er weist auf den Ingenieur hin, der zunächst ohne irgendeinen gläubigen Impuls diesen typisch weltlichen Beruf ergreift, in dem er es nur mit der Welt zu tun hat. Wenn er nun aber gläubig ist oder gläubig wird, kann er verstehen, daß sein Glaube ihn diesen Beruf auch innerlich anzunehmen heißt. Das bedeutet: der Glaube lehrt ihn zu begreifen, daß die neue unsakrale Weltlichkeit von Gott gewollt ist. Mehr kann und darf das Christentum an dieser Welt und am Beruf des Menschen nicht bewirken oder leisten, weil sonst angeblich die reine Weltlichkeit wieder geschmälert oder verdorben würde.

Eine inhaltliche Bestimmung der Welt oder eine Heimholung in das Heilige Gottes hinein ist hier nicht beabsichtigt und gar nicht möglich. Das Christliche an der Welt oder ihre christliche Sicht und Wertung besteht nur in dem reinen Glauben, daß Gott die Weltlichkeit der Welt will, weil er sich zu ihr hinabgeneigt hat. Daß die Menschwerdung an der Menschheit Jesu auch etwas Inhaltliches, Effizientes vollbracht, daß sie die Menschheit erhöht hat und schon in der diesseitigen Existenz verklärt und schließlich in der Auferstehung verherrlicht hat, wird hier nicht mehr gesehen. Die Menschwerdung Gottes ist hier gänzlich undialektisch, d. h. ohne ihre doppelte Sinnrichtung betrachtet und allein auf die Freigabe des Geschöpflichen hin interpretiert, nicht aber auf die Erhebung und Verklärung des Geschöpflichen durch das Heilige Gottes.

Danach aber sieht sich der Autor doch veranlaßt, eine positive und inhaltliche Wirkung der *unio hypostatica* aufzuzeigen, die das, was Freisetzung der Welt besagen soll, auch mit sachlichem Gehalt füllt. Es ist das aber kein gnadenhaft-heiligendes Geschehen, sondern ein anthropologisches, das dem ganzen anthropozentrischen Ansatz entspricht. Der positive Einfluß, den die Menschwerdung Gottes auf die Welt nehmen soll, geht über den Menschen. Dieser soll die Welt „hominisieren", sie in seine Verwaltung nehmen. „Er ist der Ort, an dem die göttlichen Bezüge der Welt eröffnet oder schuldvoll verschlossen werden"[21]. Der Vorgang der Hominisierung wird schließlich in diesem Zusammenhang, sachlich unbegründet, als „Divinisierung" der Welt bezeichnet.

Was damit aber gemeint ist, hat nichts mit der Heiligung der Welt zu tun. Es handelt sich vielmehr darum, daß Kirche und Theologie eine gesellschaftkritische Funktion entfalten mit dem Ziel der universalen Humanisierung der Gesellschaft, ein Ziel, das stark innerweltliche Züge an sich trägt; denn das „Heil allen Fleisches" liegt „ursprünglich und nicht nachträglich in der konkreten sozialen Dimension menschlichen Daseins, es zielt auf universalen Frieden und endgültige Gerechtigkeit (vgl. 2 Petr 3,13)"[22]. Von einer aus der Menschwerdung kommenden objektiven Wirkung der Heiligung des Kreatürlichen ist hier nicht die Rede. Es geht mehr um moralische Appelle auf Grund der Solidarität der Christen *mit* dieser Welt als um die Heiligung *der Welt* in der Kraft Christi und der Kirche. Das Seinshafte an der Menschwerdung Christi und ihrer weitergehenden Repräsentation durch die Kirche ist hier ausgelassen zugunsten moralischer Imperative, die gleichsam ohne seinshaftes Fundament ergehen.

Diese Unzulänglichkeit ist die Folge jenes Fehlansatzes, der entsteht, wenn man die Menschwerdung Christi einseitig zur Erklärung der Verselbständigung und der Freisetzung der Welt verwenden möchte, um so das stärkste Argument für ihre Entsakralisierung zu gewinnen. In Wirklichkeit aber ist all das, was man unter Freisetzung der Welt in ihrer Eigentlichkeit versteht, schon in der ersten Schöpfung grundsätzlich und für immer beschlossen. In dieser ersten Schöpfung und nicht in der zweiten, die mit der Menschwerdung anhebt, ist die Entlassung der Welt in ihre Autonomie für immer erfolgt, die freilich nur eine relative Autonomie sein kann, so daß die Schöpfung ihre Beziehung zum Absoluten Gottes niemals abstreifen kann[23].

Von der Schöpfung her und ihrer Differenz zum Geschenk des innergöttlichen Lebens der Gnade her datiert auch der bleibende und unaufhebbare Unterschied zwischen Natur und Gnade, der nach einem späteren Sprachgebrauch in die

Unterscheidung von „profan“ und „sakral“ überführt wurde. Daß dieser Unterschied keine Trennung beider Bereiche und vor allem keine dualistische Gegensätzlichkeit einführt, läßt sich zunächst schon an dem äußeren Sprachgebrauch ablesen, insofern das „*profanum*“ nicht den Gegensatz zum „*sacrum*“ betont, sondern nur das vor dem *sacrum* Gelegene bezeichnet, welches dem Heiligen vorausgeht und daran angrenzt, ohne mit ihm gleich zu sein.
Die sachliche Begründung dafür, daß hier kein dualistischer Gegensatz aufgerichtet wird, ergibt sich aus der Wahrheit, daß beide Wirklichkeiten aus der Hand des einen Schöpfers hervorgehen, daß sie beide deshalb auch eine Ähnlichkeit mit dem Schöpfer besitzen und vermöge dieser Ähnlichkeit auch miteinander verwandt und so aufeinander bezogen sind.
Diese Relation des Profanen, Geschaffenen auf das Heilige des Gottes der Gnade hin wird durch das heilsgeschichtliche Faktum noch verstärkt, daß die Schöpfung schon an ihrem Beginn mit dem Menschen zusammen begnadigt wurde, was der bleibende Sinn der Paradiesgeschichte unter Einschluß der Lehre von den praetermaturalen Gaben ist[24]. So gab es niemals zwei nebeneinander existierende Bereiche von Profanem und gnadenhaft Sakralem, sondern nur das Miteinander dieser Dimensionen in einer umfassenden, differenzierten Ordnung. Aber schließlich ist auch zu bedenken, daß die Differenz nicht unwesentlich verstärkt und verschärft wurde durch den Einbruch der Sünde, welche auch die natürliche Schöpfung verkehrte und versehrte und sie für das Böse wie für den Bösen disponierte. So ergibt sich die unaufhebbare Differenzierung zwischen Profanem und dem Heiligen Gottes aus der Schöpfung wie aus der Sünde, die, selbst wenn sie durch die Erlösung aufgear-

beitet ist, in der Schöpfung etwas dem Heiligen Widerständiges hinterläßt.
Die geschaffene und in Sünde gefallene Welt also bildet die Differenz des Profanen zum gnadenhaft Sakralen, eine Differenz, die aber nirgends zu einem dualistischen Gegensatz entartet, weil auch die sündige Welt von Gott umgriffen und von seiner Gnade beeinflußt wird und für das Heilige offen bleibt.
Diese weiterverbleibende Bindung der gefallenen Schöpfung an Gott und seine beständige Zuwendung zu jener führt gelegentlich zu der Meinung, man solle die Bezeichnung „profan" für die Schöpfung gänzlich aufgeben, weil sie ja immer vom Heiligen Gottes betroffen und bestimmt bleibe[25]; man solle auch dieser Welt das Merkmal des Sakralen belassen, aber dann von einer weltlichen, profanen Sakralität sprechen im Gegensatz zu einer gnadenhaften Sakralität. Hier wird mit einem Male entgegen aller Entsakralisierungstendenzen[26] doch wieder eine gewisse Sakralisierung der Welt befürwortet, ein Beweis dafür, wie schwankend und ungefestigt die moderne Entsakralisierungsthese ist. Trotzdem sollte man aus Gründen klarer Unterscheidung und Abhebung diese doppelte Verwendung des Begriffes des Sakralen vermeiden und bei der begrifflichen Unterscheidung von „profan" und „sakral" bleiben. Die versuchte Übertragung des Merkmals des Sakralen auch auf die Welt ist aber insofern bemerkenswert und insoweit positiv aufzunehmen, als sie die bleibende Beziehung zwischen den beiden Dimensionen aufdeckt und die Offenheit des Profanen für das Sakrale bekundet.
Aufgrund dieser Offenheit und Ausrichtung des Profanen läßt sich dann noch Bestimmteres über die Zuordnung beider Dimensionen wie auch über die Eigentümlichkeit des

Profanen erkennen. Auch das Profane ist als ein Widerschein Gottes des Schöpfers zu verstehen, als sein Spiegel oder *„vestigium“*[27], selbst wenn es nach der Sünde nur noch einen zerbrochenen Spiegel darstellt. Profanität besagt dann nicht einfach natürliche Selbständigkeit oder gar Selbstgesetzlichkeit, sondern die natürliche Selbständigkeit der Dinge in der Bindung an ein Absolutes. In dieser Bindung an das andere seiner selbst gewinnt das Profane eine Ausrichtung auf ein Transzendentes und steht in einem durchgehenden Transzendenzbezug, der im Bewußtsein des Menschen den Charakter der natürlichen Religiosität annimmt. Dieser Transzendenzbezug, der in einer sich entwickelnden Welt auch dynamisch und geschichtlich verstanden werden darf, verweist die Welt auch auf ein letztes Geheimnis über ihr, das insgesamt ihren natürlichen Geheimnischarakter ausmacht, wie ihn selbst Naturforscher an den Grenzen ihres Forschungsbereiches erkennen[28].
Mit all dem steht die natürliche Welt als profane im Vorraum des Heiligen, ohne dieses Heilige aus eigenen Kräften oder (auf der Stufe des geistigen Geschöpfes) mit eigener Erkenntnis erreichen zu können.
An dieser Stelle wird es dem gläubigen Denken möglich, etwas über den Sinn dieser „Doppelung“ auszusagen, die als solche nicht zu einer Gegensätzlichkeit und Beziehungslosigkeit entwickelt werden darf; denn trotz der „Doppelung“ von Natur und Gnade muß die Zusammengehörigkeit beider in der einen Heilsökonomie gewahrt bleiben. Der Sinn dieser Zweiheit kann nur darin gelegen sein, daß Gott (unter theologischem Aspekt) als die geheimnisvolle Fülle anerkannt wird, die nicht nur die Macht der Schöpfung und des Seins in sich schließt, sondern in einer nochmaligen Steigerung dieser Mächtigkeit auch das für den

Menschen an sich unerschwingliche Leben der Gnade, der innertrinitarischen Liebe und der allem Geschöpflichen gegenüber „abgesonderten" Heiligkeit umfaßt. Unter anthropologischem Aspekt aber zeigt diese Doppelung darin ihre einzigartige Bedeutung, daß sie dem Menschen (und in Abhängigkeit von ihm auch der Welt) Anteil gibt an dem höchsten Leben der Heiligkeit Gottes, das er von sich aus nicht erreichen könnte, zu dem er aber kraft göttlicher Berufung bestimmt ist. Diese Zweiheit innerhalb der einen Heilsökonomie macht insgesamt die absolute Größe der göttlichen Wirklichkeit und der menschlichen Berufung aus, die sich in einer nur mit dem Schöpfungscharakter ausgestatteten Menschenwelt nicht offenbaren könnte. Dies besagt auch das alte liturgische Gebet: *„Deus, qui humanae substantiae dignitatem mirabiliter condidisti et mirabilius reformasti"*.

Die theologische Sinnerhellung des Profanen wie des Heiligen deckt aber nicht nur eine Beziehung oder ein statisches Verhältnis zwischen beiden Dimensionen auf; sie läßt vielmehr gerade unter heilsgeschichtlichem Aspekt auch eine dynamische Bewegung von der einen Wirklichkeit auf die andere hin erkennen. Der Zielpunkt aller theologischen Überlegungen zu diesem Thema ist, ganz an der Hl. Schrift ausgerichtet, nicht die Erkenntnis der Heiligkeit und ihrer Überordnung über das Profane, sondern die Heiligung als Geschehen und Wirken, das dem Menschen aufgetragen ist. Der Sinn der Erwägungen geht also auf eine gewisse Synthese zwischen dem Heiligen und dem Profanen, die in der Heiligung besteht und dem Christen in der Kirche in Weiterführung der Heilsgeschichte auf die Vollendung hin als Aufgabe zufällt.

4. *Die Synthese und ihre Konkretion*

Die Heiligung der Welt bis hin zur Heiligung des Alltags ist ein großes Thema der Geschichte der Kirche, das zu gewissen Zeiten eine besondere Verdichtung erfahren hat, so etwa in der Väterzeit bei den Kappadokiern[29] und Maximus Confessor[30], im Mittelalter in der Theologie Bonaventuras[31], in der Neuzeit bei J. A. Möhler[32] und Papst Pius X.[33].

Einsatzpunkt und Brennpunkt aller diesbezüglichen Tendenzen und Kräfte war immer das Christusereignis, das als die große Vereinigung und Synthese begriffen wurde, nicht nur zwischen Juden und Heiden, zwischen Gott und den Sündern, sondern auch zwischen Gott und der Welt, selbst der natürlichen Welt. Von solcher Christozentrik ging die Bewegung aus, die das Irdische gänzlich mit dem Heiligen durchdringen sollte mittels des Organs der Kirche und jedes ihrer einzelnen Glieder.

Aber selbstverständlich wird das gläubige Denken sofort der Unterschiede gewahr, die in Bezug auf das Wie, d. h. bezüglich des konkreten Geschehens der Einigung und Durchdringung bestehen. Die Synthese zwischen Christus und dem Menschen in der Begnadung und in der Einwohnung der göttlichen Personen kann nicht von der selben Art sein wie die Beeinflussung der menschlichen Kultur und Arbeitswelt, des ganzen Ensembles der leiblich-geistigen Lebensbewegungen durch die Gnade. Diese Beeinflussung muß nochmals anders gedacht werden in Bezug auf die rein materielle Welt. Trotzdem kann kein Zweifel daran bestehen, daß alle diese Wirklichkeitsbereiche unter die Erneuerung und Heiligung in Christus fallen und daß der Christ auch in entsprechenden konkreten Taten und Verhaltensweisen dieser Heiligung dienen muß.

Als das zentralste und zugleich umfassendste Paradigma für diese Synthese können in der Zeit der Kirche die Heiligungsmittel der Sakramente gelten, vor allem das Zentral- und Gipfelsakrament der Eucharistie. Es ist genauso dazu bestimmt, den Gläubigen innerlich zu heiligen wie als Kraft der Liebe auf die Welt des Menschen zu wirken und in geheimnisvoller Weise selbst die Materie (in Brot und Wein) zu verwandeln. Es ist nicht verwunderlich, daß das „Sakralste“ im katholischen Christentum auch die intensivsten Heiligungswirkungen auf Mensch und Welt ausstrahlt. So sagt es das dritte Hochgebet von Christus in der Eucharistie: „Denn durch deinen Sohn, unseren Herrn Jesus Christus, und in der Kraft des Heiligen Geistes erfüllst du die ganze Welt mit Leben und Gnade“.

Natürlich muß man dieses konzentrierte Licht wie durch ein Prisma auseinanderlegen, um zu verstehen, in welcher Weise die Heiligung die verschiedenen Schöpfungsbereiche erfaßt und zur Einheit mit Gott führt.

Das geschieht im zentralen Bereich des Geistigen, Personalen durch die Gnade der Gleichgestaltung mit Christus im Heiligen Geist. Es ist die gnadenhafte Heiligung, in die der Mensch eingeht und die er durch Selbstheiligung mitvollziehen muß. Die in Kraft der Gnade erfolgende Selbstheiligung des Menschen bleibt der Quell und die Wurzel allen Heilswirkens des Christen. Aber diese Wurzel ist doch tief in das Erdreich dieser Welt eingelassen, so daß eine Trennung von Selbstheiligung und Heiligung der Menschenwelt gar nicht möglich ist, zumal ja auch der Glaubende und Gerechtfertigte „Welt“ und „Natur“ ist, die beide immer tiefer von der Gnade erfaßt werden müssen.

Gerade von der Eucharistie ist zu ersehen, daß sie als Gemeinschaftsopfer und Gemeinschaftsmahl der Kirche auch

eine Heiligungswirkung auf das leibhaft-geistige Leben der gesamten Menschheit entfaltet. Sie ist ja die höchste Konzentration und tiefste Einigung der Kirche, welche ihrerseits „das Sakrament, d. h. Zeichen und Werkzeug für die innigste Vereinigung mit Gott wie für die Einheit der ganzen Menschheit" ist[34].
Darum gehen von ihr gewiß auch Wirkungen in Richtung auf die natürliche Höherführung und Vollendung der Menschenwelt aus. Die Kraft der übernatürlichen Liebe, die in jeder Eucharistiefeier aufs neue freigesetzt wird, geht nach dem Gesetz der unauflöslichen Einheit von Gottes- und Nächstenliebe auch in die nichtglaubende Menschenwelt ein und übersetzt sich hier in die Impulse der Mitmenschlichkeit, der rechten Weltliebe und der Verantwortung für die Erschließung der Schöpfungsanlagen, die gerade in der Kraft der Liebe zu Reife gebracht werden können. Was in der Communio der Eucharistiefeier an Liebe, Freude, an Kraft zur Bejahung und Dankbarkeit gegenüber dem Gott der Gnade aufbricht, das kann und soll sich auch der Menschenwelt vermitteln und so zu ihrer Heiligung beitragen[35].
Aber an dieser Stelle ist die eigentümliche Bedeutung dieser Art von Heiligung der Welt und auch ihre Begrenzung zu beachten. Die Eingrenzung der hier gemeinten Heiligung der Menschenwelt hat nach zwei Seiten hin zu erfolgen. Es muß einmal der Gedanke abgewehrt und vermieden werden, daß damit die Gnade der Eucharistie als innere Heiligungsform in alle Menschen eingehe wie bei der inneren gnadenhaften Wirkung des Sakramentes auf den Gläubigen. Hier handelt es sich dagegen um eine äußere Beeinflussung der menschlichen Welt, um eine Art der *gratia externa*, die der Welt aber durchaus förderlich und notwendig ist. Da-

mit ist auch der zweite Unterschied schon angedeutet, der in Richtung auf eine falsch verstandene Sakralisierung der Welt markiert werden muß. Das, was die Gnade hier als Heiligung der Welt erbringt und bewirkt, ist keine Vergöttlichung des Geschöpflichen, das ja als Ungeistiges gar keiner inneren gnadenhaften Verwandlung fähig ist. Die Welt wird durch das Ergehen dieser für sie allein aufnehmbaren *gratia externa* nicht divinisiert, nicht mit göttlichen Kräften ausgestattet und so dem „Himmlischen" der Gnade angeglichen.

Was hier an Heiligung geschieht, beläßt die Welt in ihrem unverfälschten und unvermischten Eigensein, aber es erhebt und erhöht sie in der Weise der sog. quasi-formalen Ursächlichkeit in ihrem eigenen Seinsbereich, es aktiviert die in der Schöpfung angelegten Potenzen auf ihre natürliche Vervollkommnung und Vollendung hin. Wieder kann an dieser Stelle das Urbild der „*unio hypostatica*" als Modell dienen. Wie dort die Menschheit Christi durch die Person des Logos nicht vergöttlicht, sondern nur in ihrem eigenen Bestand zur höchsten Vollkommenheit erhoben wurde, so wirkt hier (bei der Heiligung der menschlichen Welt) die Gnade keine seinsmäßige Veränderung der Wirklichkeit, sondern sie erhebt sie in ihrer eigenen Ordnung zur Vollkommenheit und vollen Verwirklichung ihres geschaffenen Seins.

Zu dieser Vollverwirklichung gehört auch die Ausrichtung allen lebendigen Seins auf sein Ziel hin. Der weitere konkrete Effekt der Heiligung der menschlichen Realitäten und Strebungen etwa in der Arbeit, in Wissenschaft und Kunst wird dann darin zum Ausdruck kommen, daß diese Wirklichkeiten und Werte in ihrem eigenen Sinn und gemäß ihrer eigenen Finalität genutzt und entfaltet werden, also die Wissenschaft etwa zum Gewinn tieferer Erkenntnis, die Technik zur Nutzung der in der Natur eingeschlossenen Kräfte für das Gute des menschlichen Lebens, die Kunst zur Eröffnung des Schönen in der Menschenwelt.

Diese Wirkung besagt eigentlich zunächst nur die Anerkennung und Erhebung der Eigenwerte der dem Menschen nahen Schöpfungsdinge in einem Ethos der Sachlichkeit, der Materialgerechtigkeit und einer Hochschätzung ihrer schöpfungsgemäßen Güte. Mit dieser Haltung ist zugleich Verantwortung und Dienstbereitschaft auch gegenüber der Schöpfung verbunden, die der Herrschaftsstellung des Menschen über die Natur nicht widerspricht (vgl. Gen 1,28), sondern sie wesentlich ergänzt. Das bereits ist nicht wenig, wenn man bedenkt, daß alle diese Kräfte, im Schatten der Sünde stehend, eine eigentümliche Ambivalenz an sich tragen und immer auch eine Offenheit und eine Neigung zum Mißbrauch zeigen.

Die aus der Gnade vermittels des Menschen geschehene Heiligung der Dinge im Umgang mit ihnen, in der Gestaltung und Arbeit an ihnen macht sie dagegen eindeutig und richtet sie einsinnig auf das Wahre und Gute, auf den Geist aus, welches zuerst der Geist des Menschen ist.

Hier kommt dann die Zielhaftigkeit und die Teleologie des Wirkens an den Schöpfungsdingen zum Vorschein, die zunächst im Menschen selbst gelegen ist. Der Mensch als geistiges Sein nimmt die Gestaltung seiner Welt und seiner äußeren Lebensverhältnissen in die Hand, um sie sich selbst als geistig-sittlichem Wesen dienstbar zu machen. Das ist der Sinn alles Kulturschaffens in der Entfaltung der Sach- wie der Persönlichkeitskultur. Es ist die Ausrichtung der Dinge auf das Wahre, Gute und Schöne, das zuerst sein Maß am Menschen und in ihm als sittlicher Persönlichkeit besitzt. Insoweit besteht die sog. Anthropozentrik der irdischen Wirklichkeit und ihrer Vervollkommnung zurecht. An dieser Ausrichtung auf das Wahre und Gute, auf das Geistige, ist aber noch ein weiteres Moment zu erkennen, welches das Wesen der Heiligung der Menschenwelt erst vollends erschließt. Man könnte hier ja den Eindruck gewinnen, daß diese Art von Heiligung, welche die Dinge nicht innerlich umgestaltet oder sie religiös-magisch auflädt, die sich also fern aller natuhaften heidnischen Sakralisierung vollzieht, eigentlich nichts bewirke, was nicht der Ungläubige im sachlichen Umgang mit den menschlichen Gegebenheiten auch zu erkennen und zu tun vermöchte. Von daher rührt die oft bekundete, aber irrige Meinung, Christen und Atheisten könnten in Bezug auf die menschlichen Aufgaben völlig übereinstimmend agieren und den Fortschritt der menschlichen Dinge befördern. Aber das ist, wesentlich und innerlich betrachtet, gerade dann nicht möglich, wenn man die besagte Zielausrichtung dieser weltlichen, dem Menschen zuhandenen Dinge bedenkt.

Dann stellt sich für den Christen die Erkenntnis ein, daß diese weltlichen Dinge wie der sie gestaltende Mensch selbst gar kein selbständiges natürliches Ziel vor sich haben. Weder die Dinge noch der Mensch besitzen den Charakter eines endgültigen natürlichen Zieles, sie überschreiten oder transzendieren jede natürliche Zielhaftigkeit.

Es gibt in der einen natürlich-übernatürlichen Weltordnung kein für sich bestehendes natürliches Ziel wie es deshalb auch keine irdische Vollendung und kein weltimmanentes Paradies geben kann. Was da allenfalls nominell als natürliche Vollendung bezeichnet wird, das fällt objektiv mit der übernatürlichen Vollendung zusammen. Konkret ist das „der neue Himmel und die neue Erde“ (2

Petr 3,13; Offb 21,1). Wiederum stellt sich hier die Erkenntnis des Apostels ein (Röm 8,19-23): die gefallene Schöpfung beweist einen Drang und ein Streben über sich hinaus nach der Offenbarung der „Herrlichkeit der Kinder Gottes" (Röm 8,21), nach der Glorie Gottes in Jesus Christus, die sich im neuen Äon an ihr als Glanz (doxa), als Klarheit und Frieden offenbaren soll. Aber dies soll und kann nicht ohne die Dazwischenkunft und die Vermittlung des Menschen geschehen, denn die Offenbarung dieses endgültigen Glanzes der Schöpfung geht innerlich mit der Offenbarung „der Herrlichkeit der Kinder Gottes" (Röm 8,21) zusammen. Das „Sich-selbst-Transzendieren der Schöpfung" ist also auf den Menschen angewiesen. Er ist es, welcher in den geschaffenen Dingen dieses Streben nach der absoluten Transzendenz entbindet, es behütet und pflegt. So strebt gleichsam die Kreatur nach der Vergeistigung durch den Menschen, dieser aber nach der Verklärung durch Gottes Heiligkeit. Vermittelt und indirekt (über den Menschen gehend) ist also auch die Kreatur auf das übernatürliche Ziel der Heiligkeit ausgerichtet, welche für die den Menschen umgebende Welt die endgültige Verklärung in einem neuschöpferischen Akt Gottes bringen wird.

Freilich: was danach die neue Gestalt der menschlichen Welt und ihrer Einzeldinge sein wird, wissen wir in konkreter Weise und mit der Anschauung genausowenig zu erfassen wie wir uns den verklärten Leib des Menschen vorzustellen vermögen. Wir können nur aus der Analogie des Glaubens urteilen, daß nichts Geschöpfliches zerstört werden wird, daß es auch nicht Geist werden und völlig spiritualisiert werden wird, wohl aber, daß es dem übernatürlich erfüllten Geist als völlig adäquates, gefügiges und plastisches Instrument zur Vollendung des Menschen und zur Verherrlichung Gottes dienen wird. Aus der Analogie des Glaubens wissen wir aber auch die Wahrheit begrifflich zu erfassen, daß die Menschenwelt insgesamt zur „Vergeistigung" bestimmt ist, der Mensch selbst dagegen zur Anteilnahme an der Heiligkeit des innergöttlichen Lebens. Über die Vermittlung des Menschen steht die Schöpfung in Beziehung zur Heiligkeit Gottes; die Verwirklichung dieser Beziehung aber ist die eigentümliche Form ihrer Heiligung.

Im Hinblick auf dieses dem Christen im Glauben aufgehende Ziel vermag die Heiligung der dem Menschen nahen Weltdinge noch einen präziseren Sinn anzunehmen. Sie soll und kann zwar als äußere Heiligung die Dinge nicht übernatürlich verändern. Das wäre ein Supranaturalismus und eine Mystifikation des Geschaffenen, eine schlechte Sakralisierung des Profanen. Aber sie vermag durch die Ausrichtung der Dinge auf dieses letzte Ziel in ihrem sinngemäßen Gebrauch die profane Wirklichkeit auf die endzeitliche Verwandlung hin zu disponieren. In dieser Intention und in dieser ins Überindividuelle erhobenen „guten Meinung", verbunden mit der materialgerechten Entfaltung der Dinge gemäß ihrer schöpfungsgemäßen Güte, liegt der Beitrag des Christen für die Heiligung der menschlichen Welt.

Solche Heiligung der Welt vollzieht sich (abgesehen von der unmittelbar heilshaften Tätigkeit des Menschen auf das Heil des anderen hin in der missionarischen Aktion und in der Heilsverkündigung) in der Weise der natürlichen Weltarbeit, die sowohl im Akt wie im Ergebnis heiligend[36] wirken kann. „Übernatürlich wird die Arbeit, weil Gott ihr Ziel ist und sie in Gedanken an ihn als ein Akt des Gehorsams verrichtet wird"[37]. Indem der absolute Transzendenzbezug („auf Gott hin") der geschaffenen Dinge und Strukturen vom Menschen durch Arbeit verwirklicht und freigesetzt wird, empfangen die geschaffenen menschlichen Wirklichkeiten den Charakter von „Bausteinen“ für die endgültige „Stadt Gottes“. Freilich ist auch dies zu bedenken, daß Weltarbeit die „Stadt Gottes“ nicht „herabzuziehen“ vermag, daß sie aber sehr wohl eine Bedingung und eine Disposition für ihr „Herabkommen“ (vgl. Offb 3,12) bleibt.

Vom Zentrum der Heiligungskräfte der Welt her, von der Eucharistie, ist aber auch die spezifische Heiligungswirkung der Erlösung auf die rein materiellen Dinge zu begreifen. In den Sakramenten werden ja allgemein materielle Dinge zum Ausdruck und zum Zeichen für Geistiges und Gnadenhaftes erhoben. Daß dies ein Geschehen der Heiligung der Dinge durch Erheben zum Zeichen der Gnade bedeutet, ist katholischem Glaubensdenken vertraut. Aber in der Eucharistie geschieht noch etwas Zusätzliches und Einzigartiges im Vorgang der Wandlung, die man immer als eine Form auch der *consecratio* der Welt verstanden hat. Hier wird materielles Sein nämlich nicht nur in Dienst genommen und zum Träger einer Zeichenfunktion für das Heilige Gottes gemacht, sondern es wird darüber hinaus Materie auch verwandelt und zwar in den geistförmigen Leib Jesu Christi. Die hier geschehende Verwandlung der Materie in einen geistförmigen Zustand und zwar des Leibes Christi stellt die höchste uns bekannte Weise der Heiligung der materiellen Schöpfung dar. Hier wird Materielles dem Geiste so angepaßt und angeglichen, daß es zum Baustein des verklärten Leibes Christi wird und die Christozentrik aller Schöpfung demonstriert. Im Lichte der eucharistischen Konsekration[38] kann dem Christen noch einmal von einer höchsten Warte die Innigkeit der Synthese von Heiligkeit Gottes und geschöpflicher Profanität aufgehen: Hier wird

Heiligung verstehbar als Diaphanie des Geistes und des Heiles an der Materie.
Diese heiligende Christozentrik der Schöpfung kommt aber auch noch in einem anderen Bereich des gelebten Glaubens zum Ausdruck, der von den Sakramentalien, den sog. „kleinen Sakramenten" gebildet wird: den religiösen Handlungen, Segnungen, Weihungen und den geweihten Dingen, die das Geschehen der Heiligung der Welt nach katholischem Glaubensverständnis besonders realistisch ausprägen[39].
Das geschieht so wirklichkeitsnah, daß der Außenstehende hier den Vorwurf einer verdinglichten Auffassung vom Heiligen und einer materiellen Sakralisierung besonders leicht erheben kann. In Wirklichkeit aber vollzieht sich auch hier keine physisch-materielle Veränderung der Dinge, sondern eine geistig-pneumatische, wofür man an dieser Stelle zu Recht die Bezeichnung Transfinalisation oder Transsignifikation verwenden kann. Die Naturdinge werden nämlich durch das Gebet der Kirche und im Glauben direkt und unmittelbar auf die Vollendung ausgerichtet und mit einer Zeichenfunktion für das Heilige ausgestattet, das konkret der wiederkommende Christus ist. In ihrer Vielfalt und ihrer umfassenden Ausdehnung, mit der sie das ganze Leben des katholischen Christen umfangen, dürfen die Sakramentalien als besonders markante Wegzeichen auf die Vollendung der Welt hin gelten, die sich zeichenhaft schon jetzt ankündigt.
So ist für den Christen der Gebrauch dieser scheinbar am Rande des Glaubensbewußtsein stehenden Sakramentalien ein Prüfstein für die Lebendigkeit und Intensität seines Glaubens an die Vollendung der Welt im Heiligen Gottes und Jesu Christi.

Diese vor allem aus den Sakramenten und den Sakramentalien erwachsenen Heiligungskräfte dürfen aber nicht vergessen lassen, daß dem Christen eine nicht geringere Heiligungsmacht im Wort, näherhin im Gebetswort gegeben ist. Der johanneische Christus sagt deshalb: „Heilige sie in der Wahrheit. Dein Wort ist Wahrheit“ (Joh 17,17). Das Wort, das die Wahrheit der Offenbarung in sich trägt, besitzt also ebenfalls Heiligungskraft, auch das Gebetswort, in welchem der Mensch das, was die Sakramente und Sakramentalien objektiv auf dem Weg der Heiligung der Welt vollbringen, auch subjektiv vollführen kann, indem er die Heiligungskräfte für die Welt herabruft und erbittet.

Das Gebet ist die innerlichste und verborgenste Form des Mitwirkens an der Heiligung der Welt und am Kommen des Gottesreiches, das gerade in seiner Verborgenheit dem Wesen dieses Reiches besonders angemessen ist; denn das Reich der Heiligkeit ist hier noch verhüllt. Aber im Gebet kann der Mensch einen Beitrag zu seinem Aufgehen und seiner Veröffentlichung leisten[40].

Freilich mag das nur verborgen anwesende Heilige und seine stille Gegenwärtigkeit in der Welt den Glaubenden oft mit Ernüchterung und Zaghaftigkeit erfüllen etwa angesichts der Widerstände und der geringen äußeren Manifestation des Heiligen in der Welt.

Hier ist aber auch zu bedenken, daß die Kirche als *Communio* der Heiligen für das Ganze steht und eintritt und daß aus der Kraft dieser Stellvertretung, die sich in Gebet und Sühne verwirklicht, eine mächtigere Wirkung resultiert als sie mit den Sinnen zu rgistrieren ist, wie überhaupt alles über die Heiligung der Welt zu Sagende ein Appell an die Bedeutung und Macht eines konkreten, weltbezogenen Christusglaubens ist. Er muß es als weltüberwindender

Glaube auch auf sich nehmen, gegen den Eindruck der äußeren Sinne zu stehen und sich am Gegensatz zu bewähren.

Anmerkungen:

1 Vgl. dagegen die positive Behandlung des Themas u. a. bei D. von Hildebrand, Heiligkeit und Tüchtigkeit, Regensburg 1969; Gott der Heilige und das Heil (Sinn und Sendung, Bd. 6; hrsg. von Klaus M. Becker) Sankt Augustin 1979.

2 D. Bonhoeffer, Widerstand und Ergebung (hrsg. von E. Bethge) München [2]1977.

3 Vgl. H. Mühlen, Entsakralisierung. Ein epochales Schlagwort in seiner Bedeutung für die Zukunft der christlichen Kirchen, Paderborn 1971, 9 ff.

4 Vgl. dazu von nichtchristlicher Seite die (nicht in allem zutreffende) Kritik von A. Lorenzer, Das Konzil der Buchhalter. Die Zerstörung der Sinnlichkeit. Eine Religionskritik, Frankfurt 1981.

5 M. Eliade, Die Religionen und das Heilige, Salzburg 1954.

6 Vgl. dazu L. Scheffczyk, Christliche Weltfrömmigkeit?, Essen 1964.

7 O. Proksch, Hagios, in: ThWNT I, 87-97.

8 Zur Schöpfungsauffassung Israels vgl. C. Westermann, Genesis 1-11, Neukirchen 1976, 798 ff.

9 G. v. Rad, Theologie des Alten Testaments II, München 1960, 308 f.

10 K. H. Schelkle, Theologie des Neuen Testaments III, Düsseldorf 1970, 176-182.

11 Zum joh. Weltbegriff vgl. H. Sasse, in: ThWNT III, 894 ff; R. Schnackenburg, Die Johannesbriefe, Freiburg 1953, 117 ff.

12 Die Notwendigkeit der Beachtung der Einheit der neutestamentlichen Traditionszeugnisse betont das 2. Vatikanum: Dei Verbum, 12.

13 Vgl. R. Schnackenburg, Das Johannesevangelium II, Freiburg 1971, 110 ff.

14 Vgl. H. Schlier, Der Römerbrief, Freiburg 1977, 259 ff.

15 Vgl. De div. quaestionibus LXXXIII 67,1.

16 Zur Reich-Gottes-Verkündigung vgl. u. a. H. Merklein, Die Gottesherrschaft als Handlungsprinzip. Untersuchung zur Ethik, Würzburg 1978.

17 Zum ekklesiologischen Aspekt vgl. L. Weimer, Die Lust an der Sache Gottes, Freiburg [2]1982, 408 ff.

18 Vgl. K. H. Schelkle, aaO., IV/2, 37 ff.

19 So u. a. A. Auer, Weltoffener Christ, Düsseldorf [4]1966.

20 J. B. Metz, Zur Theologie der Welt, Mainz 1968, 39.

21 Ebda., 61.

22 Ebda., 87 f.

23 Vgl. dazu die Kritik an J. B. Metz bei R. Schäffler, Was dürfen wir hoffen? Die katholische Theologie der Hoffnung zwischen Blochs utopischem Denken und der reformatorischen Rechtfertigungslehre, Darmstadt 1979, 80 ff.

24 Vgl. L. Scheffczyk, Einführung in die Schöpfungslehre, Darmstadt ^{2}1982, 91 ff.

25 So spricht H. Mühlen, aaO., 92 von einem „welthaft sakralen".

26 „Entsakralisierung" besagt nach dieser Bestimmung der Begriffe „die Entflechtung des welthaft-sakralen und gnadenhaft-sakralen": ebda., 96.

27 Es ist bezeichnend, daß J. B. Metz, seinem anthropozentrischen Ansatz entsprechend, von „unmittelbaren" vestigia Dei in der Welt nicht mehr sprechen will: „Wir entdecken in und an der Welt nicht mehr unmittelbar die *Spuren Gottes,* die vestigia Dei, sondern die *Spuren des Menschen,* die vestigia hominis und seiner weltverändernden Tat ... Was den neuzeitlichen Menschen zuinnerst bewegt, ist nicht das Engagement am Über-Weltlichen, sondern das Engagement an der Zukunft": aaO., 79.

28 Vgl. u. a. A. Portmann, An den Grenzen des Wissens. Vom Beitrag der Biologie zu einem neuen Weltbild, Frankfurt 1976, 136 f.

29 Vgl. zu Gregor v. Nazianz u. a. H. Althaus, Die Heilslehre des hl. Gregor von Nazianz, Münster 1972.

30 H. Urs v. Balthasar, Kosmische Liturgie. Das Weltbild Maximus des Bekenners, Einsiedeln ^{2}1961.

31 E. Gilson, Die Philosophie des hl. Bonaventura, Köln ^{2}1960.

32 Symbolik, Regensburg ^{9}1913, § 29, 266 f.

33 Vgl. seinen Leitspruch in der Inthronisationsenzyklika vom 4. 10. 1903: instaurare omnia in Christo.

34 Lumen gentium, 1.

35 Zum Weltbezug der Eucharistie vgl. L. Scheffczyk, Die Heilszeichen von Brot und Wein. Eucharistie als Mitte christlichen Lebens; München 1973, 107.

36 Über die Einheit von Heiligung der Arbeit, Selbst- und Weltheiligung durch Arbeit nach Josemaría Escrivá vgl. P. Berglar, Opus Dei. Leben und Werk des Gründers Josemaría Escrivá, Salzburg 1983, 278-294.

37 So Josemaría Escrivá, ebda., 283.

38 Zur Bedeutung der Konsekration für die Welt vgl. u. a. A. Härdelin, Liturgie im Widerstreit, Einsiedeln 1971, 40 f.

39 Vgl. K. Bommes, Die Sakramentalien der Kirche, in: H. Luthe (Hrsg.), Christusbegegnung in den Sakramenten, Kevelaer 1981, 597-672.

40 Zum Stellvertretungsgedanken vgl. u. a. N. Hoffmann, Sühne. Zur Theologie der Stellvertretung, Einsiedeln 1981.

Johannes B. Torelló, Wien

Spiritualität im Alltag

Werktag – Festtag

Als Gegenstück zum Festtag ist der Alltag Werktag, Zeit der Sorge und der Mühe, er steht im Zeichen des Nützlichen und Fruchtbringenden, pflegt die Mittel zum Zweck, ist Wanderung auf dem Weg zum Ziel hin. Zweck und Ziel werden dagegen am Festtag gefeiert – als Enthüllung des letzten Grundes, der da plötzlich sorglos im Augenblick steht, zweck-, nutz- und selbstlos: lautere Freude am Sein als Teilhabe am Sein Gottes, am Wahren, Guten und Schönen Gottes, dazu bestimmt, die schöpferische ewige Liebe aufleuchten zu lassen, außergöttlicher Glanz der göttlichen Herrlichkeit zu sein. Im Buch Baruch, „das am Festtag vorgetragen werden soll", ist dies schon erläutert worden: „Froh leuchten die Sterne auf ihren Posten. Ruft Er sie, so antworten sie: Hier sind wir. Sie leuchten mit Freude für ihren Schöpfer" (Bar 1,14; 1,34-36). Da nun aber das Geschöpf, vor allem die menschliche Natur, dieser ursprünglich hell strahlende Spiegel Gottes, von Sünde über und über geschlagen war, zersplitterte und über die Erde in Scherben zerstreut dalag, hat der Herabstieg des Gottessohnes, der im Menschenleib die Fülle der Gottheit wohnen ließ, eine noch schönere, reinere, einheitlichere Schöpfung aus ihr gemacht: *Deus, qui humanae substantiae dignitatem mirabiliter condidisti et mirabilius reformasti.* – Gott, Du hast den Menschen in seiner Würde wunderbar erschaffen und noch wunderbarer wiederhergestellt ... (Tagesgebet der Weihnachtsmesse am Tage). Jeder Getaufte, jeder Erlöste ist nun in Christus ein noch edlerer Spiegel Gottes geworden, ein Gotteskind, dessen Menschheit mit der Gottheit vermählt ist *(consors divinae naturae)*, weil eben die Gottheit in Christus unserer Menschheit teilhaftig wurde *(particeps humanitatis nostrae)*. Aber die Schönheit, die Würde, die Freude des erlösten Geschöpfes, welche das Fest aufdeckt, war schon da im harten Kern des Alltags, und seine Spiritualität kann nur im Erleben des Ziels unterwegs, des Zwecks in den Mitteln, des reinen Festes im Werktag bestehen.

Hätte also das Tun des Alltags keinen Wert an sich, da ja die Gottesnähe eine Ekstatik begründet, die jede Dynamik beseelen muß, um sie letztlich aufzuheben? Gibt es überhaupt eine Spiritualität des Werktags? Bedenken wir zunächst, daß der Schöpfungsakt nicht bloß am Anfang des Daseins steht, sondern ganz aktuell ist. Das gewaltige Teilhaben am absoluten Sein Gottes, durch welches das Geschöpf konstituiert wird, ist Augenblick für Augenblick im Gange, und es freiwillig zu bejahen, die Selbstschenkung Gottes frei anzunehmen, stellt ein Mitmachen dar, das physiologische, psychologische, soziologische, ökologische und kosmologische Dimensionen aufweisen muß. Dem partizipierten Sein entspricht ein ebenso partizipiertes Tun, welches eigentlich eher Gott als dem Geschöpf zuzuschreiben ist. Aber es gibt noch viel mehr: das größte Werk Gottes ist die Inkarnation, die die Ewigkeit mit der Zeit verbindet, die Unwandelbarkeit mit der Mühe, die Herrlichkeit mit dem Leiden, die Freude mit dem Kreuz, den Feiertag mit dem Werktag. Im Neuen Testament erscheint das Fest als Freude der reumütigen Heimkehr des verlorenen Sohnes ... (das beste Kleid, der Ring am Finger, das Mastkalb auf dem Tisch, und die Musik und den Tanz). Es ist das christliche Fest der Auffindung der verlorenen Drachme und des verirrten Schafes, das Erde und Himmel umfaßt, ein Fest ohne Ende und ohne Unterbrechung, das aber wie die Blüte, die schon im Samenkorn angelegt ist, nicht sein kann ohne den mühsamen Aufstieg des Lebenssaftes durch die dunklen Gänge des Stammes und der Zweige; ein Fest, das schon beim ersten resoluten „*Surgam et ibo ad Patrem*" mitten unter den Schweinen, ja, beim ersten Ansatz zur Reue zu singen anfängt: das Fest, das im christlichen Herzen des Alltags ständig gefeiert wird. Der Werktag ist die Suche nach Gott, die nie stattfinden würde, wenn man Ihn nicht bereits gefunden hätte bzw. von Ihm gesucht und gefunden worden wäre. Und da Er, wenn man Ihn findet, *ignotus et infinitus* ist, sowohl unbegreiflich als auch unendlich, muß man weiter suchen. Suchen, weil Er uns gefunden hat; Suchen, weil wir Ihn gefunden haben. Suchen zum Finden, und Finden zum Suchen: das ist die Spiritualität des Alltags, durchbohrt vom Ewigen her, durchbohrend zum Ewigen hin.

Pflicht und Treue in Freiheit

Wenn aber Spiritualität nichts anderes heißt als Geistigkeit bzw. Geisteskraft, die alle Dimensionen des Lebens zutiefst prägt, muß christliche Spiritualität einerseits eine besonders starke inkarnatorische Wirkung haben, die sie von jeder Geistesschwärmerei unterscheidet, und andrerseits aus keiner anderen Quelle entspringen als aus dem Geist des Herrn selbst, denn „Er hat uns von seinem Geiste gegeben" (1 Joh 4,13), und „wo der Geist des Herrn wirkt, da ist Freiheit" (2 Kor 3,17). „Ihr habt nicht einen Geist empfangen, der euch zu Sklaven macht . . ., sondern ihr habt den Geist empfangen, der euch zu Söhnen macht" (Röm 8,15). „Zur

Freiheit hat uns Christus befreit" (Gal 5,1). Wie aber läßt sich diese unbegrenzte Freiheit echt christlicher Spiritualität mit der Fesselung durch die Pflicht, die den Alltag kennzeichnet, vereinbaren? Wie kann man die Vitalität, die Kreativität und die spielerische Art kindlichen Verhaltens mit der Treue und der Ausdauer auf einen Nenner bringen, durch die die verantwortliche Existenz des Erwachsenen geprägt wird?

Diese Aporie überwindet man nur durch die Einsicht in den besonderen Ratschluß Gottes, der das einzelne Dasein aus dem Nichts hervorbringt, die Einmaligkeit jeder Person, ihre Identität und Einzigartigkeit begründet und die Unwiederholbarkeit der Rolle jedes Menschen auf dieser Welt entwirft. Darüberhinaus ist die göttliche Berufung zum Leben — nicht zum blanken Existieren, sondern zur vollen Entwicklung aller im Einzelnen angelegten Möglichkeiten —, d. h. die vor der Erschaffung der Welt stattgefundene Auserwählung jeder einzelnen Person zur Heiligkeit ebenso einmalig und unwiederholbar: Gott kann sich nicht wiederholen. Es gab nie zwei gleiche Berufungen, es wird nie zwei gleiche Berufungen geben. Zur Einmaligkeit jeder göttlichen Berufung tragen sowohl natürliche Gesetze oder Gegebenheiten bei — Veranlagung, Milieu, Erziehung, Gesundheit, Temperament, Begabungen usw. — als auch jene Lebensumstände, die aus freien Entscheidungen (wie Berufs- und Standeswahl) erwachsen sind. Sie alle bilden was Josemaría Escrivá de Balaguer „menschliche Berufung" genannt hat, in der nicht nur der Rahmen, sondern geradezu der erste Stoff der allumfassenden Berufung zur Heiligkeit zu sehen ist. Die Vollendung der Liebe zu Gott verlangt das Halten der Gebote (vgl. Joh 14, 15.21.23) — nicht nur der alle Menschen verpflichtenden Gebote Gottes und der Kirche, sondern auch die Befolgung jener besonderen Anweisungen, die an den Einzelnen gerichtet sind und seine spezifische, einzigartige und unverrückbare Berufung bestimmen. Die Pflichterfüllung allein kann dem Einzelnen die Sicherheit verleihen, im heiligen Willen Gottes zu stehen, am einzigen Ort, wo die Liebe Gottes und die Liebe zu Gott zu Hause sind.

Der milde hl. Franz von Sales hat gesagt: „Den Bischöfen wurde die Leitung, Tröstung und Ermahnung der Schafe anvertraut. Wenn ich meine Tage im Gebet verbringe und mein ganzes Leben faste, dabei aber meine Hauptpflicht nicht erfülle, so werde ich verdammt werden". Die Pflichterfüllung muß freilich als Hingabe an Gott gelebt werden, als freudige Annahme seines Willens, als die sicherste Erweiterung der eigenen Empfänglichkeit Ihm gegenüber: dann ist die Pflicht keine Pflicht mehr. Dann ist sie Liebe, und es vollzieht sich dabei und dadurch die berühmte Vermählung von Freiheit und Sklaventum, in der nach dem Ausspruch des alten Mystikers von Mallorca, Ramón Llull, jede wahre Liebe besteht: „Sag mir, Narr, was die Liebe ist. Und der Narr antwortete: Die Liebe ist was die Sklaven befreit und die Freien zu Sklaven macht. Und man weiß nicht genau, worin die Liebe eigentlich besteht, ob in dieser Freiheit oder in dieser Sklaverei!"

Allergisch gegen Gebote und Pflichten ist nur, wer Gott und dem Wesen des Menschen gegenüber kurzsichtig ist. Denn die Gebote Gottes können nur liebenswert sein, die Verwirklichung seines Entwurfes fördern, der beglückenden Vollendung jeder einzelnen Kreatur seiner ewigen Liebe dienen: „Nichts ist süßer, als seine Gebote zu halten" (Sir 23,27). „Wie lieb ist mir Deine Weisung, ich sinne über sie nach den ganzen Tag" (Ps 119,97). „Weit öffne ich mei-

nen Mund und lechze nach Deinen Geboten; denn nach ihnen hab' ich Verlangen" (Ps 119,131). Und was die geistige Struktur des Menschen anbelangt, ist jeder kurzsichtig, der in der Pflichttreue als dem Festhalten am erkannten Wertvollen eine Einschränkung der Freiheit sieht, denn er setzt damit Freiheit mit Ungebundenheit gleich, während sie gerade die Fähigkeit ist, sich zu binden — und zwar bedingungslos und endgültig. Unfreie Menschen gehen nur zeitliche, bedingte Verpflichtungen ein. Die Angst bremst sie und hindert die eigentliche Leistung der Freiheit — das Wagnis des Definitiven und Unwiderruflichen. Die inkarnierte (nicht idealistische, schwärmerische, sondern leibgewordene) Freiheit muß in der Treue und durch die Alltagstreue ihre schöpferische Kraft wahren und nähren. Wo die Treue schwindet und Angst vor Bindung herrscht, wackelt alles im persönlichen und gemeinschaftlichen Leben: allem zuvor Gerechtigkeit, Zuverlässigkeit, Vertrauen, Geborgenheit und Liebe, Familie und sozialer Friede.
André Gide hat gegen die Treue die Lebendigkeit ausgespielt: „Die schönste Blume ist jene, die am schnellsten verwelkt. Beuge dich also rasch über ihren Duft, denn das Unsterbliche hat keinen lieblichen Geruch". Eine verführerische Aussage, denn alles, was vital, warm und beschwingt erscheint — von der Verzücktheit der Liebenden bis zur Inspiration der Dichter und zur Ekstase der Mystiker —, geht tatsächlich wie ein Schauder vorüber, während alles, was dauert, fast immer von Gewohnheit und Tod gekennzeichnet ist. Sind wir also in die Zerrissenheit eines tragischen *aut-aut* gespannt: entweder die lebendige Vergänglichkeit oder die tote Treue? Ist alles, was ausharrt, unvermeidlicherweise hart, steif und tot, und ist das wertvoll Zarte von vornherein zur Unbeständigkeit verurteilt? Gustave

Thibon[1] deckt mit feinfühlig entschlossener Chirurgenhand das Mißverständnis auf, das dahintersteckt: Es gibt Dinge, die der Veränderung entgehen, indem sie die Todesähnlichkeit, die Starre des Leichnams, die Sicherheit des Grabes übernehmen; andere dagegen überwinden die Vergänglichkeit und die Unbeständigkeit, indem sie sich überschreiten — durch ein Übermaß an Leben und Reinheit, durch die Ähnlichkeit und Verwandtschaft mit der ewigen Kraft, die alles bewegt, ohne sich selbst zu bewegen. Es ist wahr, daß nur der Augenblick lebendig ist und daß man ihn nicht verlängern kann, ohne ihn zu töten. Aber man kann ihn ohne Ende erneuern: mein jetziger Herzschlag ist keine Verlängerung des vorigen — er wiederholt dessen jungfräulichen und spontanen Impuls. Zyklus, Rhythmus, Alltagspuls versinnbilden das Leben — die gerade Linie versinnbildet es nicht. Treusein bedeutet nicht — wie alle Untreuen es sich vorstellen — Ausartung des Elan vitale in Gewohnheit, zeitliche Ausdehnung eines frischen Gefühls, von dem nur mehr das dürre Skelett übrigbleibt. Treusein ist vielmehr die pausenlose Auferweckung dessen, was im Herzen bereits den Samen der Ewigkeit trägt. Das Funkeln der Sterne ist gleichzeitig vergänglich und unsterblich. Oder um es mit Charles Péguy zu sagen: Der Fluß strömt immer herbei und doch ist er niemals vorüber.

Nicht selten wird diese heiligende Alltagstreue als konservativ angeprangert. Ich liebe Konserven nicht, und ich ziehe mit Monsieur Thibon jederzeit vor, die saftige Frucht vom Baum zu pflücken und zu genießen — und dann darauf zu verzichten, bis wieder Saison ist, statt darüber das ganze Jahr zu verfügen: in der Dose, genauso vom Leben ferngehalten wie von der Verwesung. Konservative Tugenden gebrauchen in der Tat dieselbe Technik, wie sie bei der

Konservenerzeugung zur Anwendung kommt: die Imprägnierung mit Zucker, mit Salz oder mit Essig — gezuckerte, süßliche, bittere, saure Tugenden — oder noch schlimmer die Sterilisierung, die Ausdörrung und Verschließung in Büchsen, die das Atmen der freien Luft unmöglich machen. Die Garantie ist gewiß nur befristet, und wenn die Frist vorüber ist, kommt es zur abscheulichsten Fäulnis! Mit Recht schließt der französische Schriftsteller: Es gibt nur zwei gesunde Arten des konservativen Geistes — die Treue, die äußerst dynamisch ist, weil sie das Unwandelbare im flüchtigen Augenblick erlebt, und die Kontemplation, welche den Augenblick durchbohrt und die Ewigkeit berührt.

Arbeit und Beschaulichkeit

Damit sind wir beim heiklen Spannungsfeld der Beziehungen zwischen Kontemplation und Arbeit angelangt. Und ich muß sofort erklären, daß die Faszination und die objektive Neuheit der Lehre Josemaría Escrivás gerade in der vollkommenen Bewältigung dieses uralten Konfliktes bestand und besteht. In seiner Predigt, die seit 1928 die allgemeine Berufung der einfachen Weltchristen so eindringlich und überzeugend verkündete, wobei er in den Mittelpunkt dieses Strebens nach vollkommener Liebe die gewöhnliche Arbeit stellte, die zu heiligen ist und durch die man sich und die anderen zu heiligen hat, betonte der Gründer des Opus Dei mit nicht geringem Nachdruck, daß Laien und Weltpriester eine wahrhaft kontemplative Berufung haben, daß sie im Alltag, auf der Straße, am Arbeitsplatz, in der Familie und in der Gesellschaft ein echt beschauliches Leben führe sollen. Je tiefer einer, der dieses Ideal verfolgt, mitten drinnen ist in der Welt, desto mehr muß er mit Gott verbunden sein!

Gewiß ist diese Lebenseinheit nicht über Nacht zu erreichen. Aber wer ein regelmäßiges Sakramenten- und Gebetsleben pflegt, überall und immer das Bewußtsein seiner Gotteskindschaft von neuem erweckt und die Arbeit an seinem Platz sorgfältig und selbstlos ausführt, wird mit der Zeit in sich einen „übernatürlichen Instinkt" heranwachsen fühlen, der ihn dazu führt, Gott in allen Situationen zu sehen, Ihm zu dienen und Ihn zu lieben. Die alte Trennung und Entgegensetzung von Beschaulichkeit und Tätigkeit, von *vita contemplativa* und *vita activa,* die die Geschichte der Spiritualität und der Lebensformen der Nachfolge Christi tief beeinflußt hat, wird hier ohne theologische Polemik auf der Ebene eines äußerst relevanten, aber nicht lärmenden pastoralen Phänomens überwunden. Die traditionelle Auslegung der Worte Jesu im Haus von Bethanien — „Maria hat das Bessere gewählt, das soll ihr nicht genommen werden" (Lk 10,42) — ist die, daß Maria das beschauliche Leben versinnbildet. Also ist das beschauliche Leben wichtiger als das tätige: so z. B. Thomas v. Aquin (S. Th. II-II, q. 182 a. 1.). Diese alte These wird von Josemaría Escrivá ganz einfach und unbefangen umgestülpt, indem er die Weltchristen ermutigt, den Geist der Maria in die Arbeit der Martha hineinzutragen. Unverkürzte und unverdünnte Beschaulichkeit darf und soll also den Einsatz von Laien und Weltpriestern beseelen und beflügeln[2].

Polemisch war dagegen die Exegese von Meister Eckehart, auch wenn sie durch ein ähnliches Anliegen angeregt worden ist. In einer äußerst originellen und gewiß damals verblüffenden Interpretation präsentiert er in Martha das Bild der Vollkommenheit, während in Maria die Anfängerin zu erblicken ist, die da noch auf der Schulbank sitzt, „verzückt und verdummt" — *embebida y embobada,* wie sich Theresia von Avila köstlich ausdrückte, da auch sie der Ansicht war, Gott gebe den Seelen höhere Gnaden, nicht damit sie sich an ihnen ergötzen, sondern damit daraus Werke der Liebe – Werke, Werke! – ersprießen. Die Sorge Marthas war Sorge um die Reifung Mariens, die erst noch in die Welt der Arbeit, der tugendhaften Werke, der Erfahrung, des tätigen Dienstes eintreten mußte. Und die Worte Jesu sollten Martha nicht tadeln, sondern beruhigen: Maria hat das einzig Notwendige, das Bessere schon im Griff, das soll ihr nicht genommen werden. Sie wird eines Tages die gegenwärtige Verzärtelung, dieses hemmende „Schmecklertum des Geistes" fallen lassen und die Lebenseinheit erreichen, die Martha bereits besitzt.

Wir sollten es heute nicht damit bewenden lassen, Meister Eckehart die berühmten 28 Thesen zum Vorwurf zu machen, die Johannes XXII. in der Bulle *„In agro dominico"* 1329 verurteilt hat: ihm verdanken wir auf der Ebene der Laienspiritualität gerade die stärksten Ansätze zur Ausrottung der grundsätzlichen Verdächtigung des Arbeitslebens mitten in der Welt, die erst in unserem Jahrhundert – und hauptsächlich aufgrund der Predigt und der pastoralen Tätigkeit Escrivás – eine offizielle Approbation der Kirche zu erhalten vermochte. Hören sie Eckeharts eindrucksvolle Sprache im Dienste der Beschaulichkeit im Alltag:

„Ich ward gefragt: ‚eine Art Leute zögen sich streng von allem Umgang zurück und liebten es, allein zu sein: sie bedürften des zu ihrer Sammlung; oder müßten sich dazu in einer Kirche befinden: Ob das das Beste wäre?'. Nein! habe ich erwidert. Und laß dir sagen warum!

Wem recht zu Mut ist, dem paßt es allerorten und bei allen Leuten; wem aber unrecht, dem ist's allerorten und bei allen Leuten nicht recht. Ein Rechtgemuter nämlich, der hat

Gott bei sich. Gott aber, hat man Ihn überhaupt, so hat man Ihn allerorten: auf der Straße und unter den Leuten so gut, wie in der Kirche oder in der Einöde oder in der Zelle. Wenn einer Ihn, und nur Ihn hat, *den* Menschen vermag niemand zu stören.
Warum?
Weil Gott ihm ein und alles ist, und wer in allem es rein nur auf Gott absieht, ein solcher trägt Gott in alle seine Werke und an alle Stätten. All sein Tun tut vielmehr Gott. Denn wer die Handlung verursacht, dem gehört sie in Wahrheit mehr, als dem, der sie nur ausführt. Ist, ohne Nebenblick, Gott unser Ziel, fürwahr! so muß Er der Täter unserer Taten sein. Und Ihn an seinem Wirken zu hindern hat durchaus niemand Macht, auch Raum und Masse nicht. So auch diesen Menschen hat niemand Macht zu hindern. Denn er ersehnt und sucht nichts und schmeckt ihm nichts als Gott: der wird in aller seiner Gesinnung mit Ihm eins. Und gleich wie Gott keine Mannigfaltigkeit zu zerstreuen vermag, so vermag nun auch diesen Menschen nichts zu zerstreuen noch zu vermannigfaltigen: er ist Eins in dem Einen, darin alle Mannigfaltigkeit Einheit, unverbrüchliche Einheit ist.
Mitten in den Dingen muß der Mensch Gott ergreifen und sein Herz gewöhnen, Ihn allzeit als einen gegenwärtigen zu besitzen im Gemüt, in der Gesinnung und im Willen. Gib acht, wie du gegen deinen Gott gesonnen bist, wenn du in der Kirche oder in deinem Kämmerlein weilst: die selbe Gemütsverfassung halte fest und trag sie hinaus unter die Menge und in das Getümmel, in eine so fremde Welt! ... Du sollst unter der Arbeit das gleiche Gemüt haben und eine gleiche Treue und gegen deinen Gott den gleichen Ernst he-

gen. Traun! hieltest du in solcher Weise dich gleich, so unterbräche dir niemand deines Gottes stete Gegenwart.
Wem dagegen Gott nicht solch innerer Besitz ist, sondern sich Gott beständig von draußen her holen muß in diesem und in jenem, und wer Gott auf unzulängliche Weise sucht, mittels bestimmter Werke, Leute oder Stätten, der hat Ihn eben nicht, und da kommt dann leicht etwas, das einen stört. Und zwar stört einen dann nicht bloß schlechte Gesellschaft, sondern auch die gute, nicht bloß die Straße, auch die Kirche, nicht bloß böse Worte und Werke, sondern gute genauso. Denn das Hindernis liegt in ihm: Gott ist in ihm noch nicht zur Welt geworden. Wär Er ihm das, so fühlte er sich allerorten und bei allen Leuten gar wohl und geborgen: immer hätte er Gott, und Den kann ihm niemand nehmen, niemand könnte Ihn in seinem Wirken hindern.
Worauf beruht nun solch echter Gottbesitz? Er beruht auf dem Gemüt und einer innigen vernünftigen Hinwendung und Willensausrichtung auf Gott. Nicht auf einem steten unentwegten Denken an Gott! Es wäre ja auch menschenunmöglich, solchen Vorsatz durchzuführen oder doch äußerst schwierig und jedenfalls das Beste nicht. Der Mensch soll sich nicht zufrieden geben mit einem gedachten Gott, denn wenn der Gedanke vergeht, so vergeht auch Gott. Man soll vielmehr einen wesentlichen Gott haben, der erhaben ist über die Gedanken des Menschen und allem Erschaffenen. *Der* Gott vergeht nicht, man kehre sich denn freiwillig ab. Wer Gott so, im Wesen hat, der nur nimmt Gott göttlich, und dem leuchtet er entgegen aus allen Dingen: alle schmecken ihm nach Gott, und in allen spiegelt sich ihm Gott, Gott selbst blickt in ihn allezeit. Eine gelöste Abkehr ist in ihm, und die Bildkraft nach innen gerich-

tet, auf den Gegenstand seiner Liebe, auf Gott. Wie wenn einen hitzig dürstet, so mit rechtem Durste. Der mag wohl anders tun als trinken, und er mag auch wohl an andere Dinge denken; aber was er auch tut und bei wem er sein mag, in welchem Bestreben oder welchen Gedanken oder welchem Tun, so vergeht ihm doch das Bild des Trankes nicht, solange sein Durst anhält. Und je größer sein Durst, um so innerlicher, gegenwärtiger und stetiger wird auch das Bild des Trankes. Oder wer mit aller Inbrunst etwas liebt, also daß ihm nichts anderes zusagt und zu Herzen geht, und hat nur dieses im Sinn, und anderes überhaupt nicht, traun! wo der auch ist und bei wem, was er auch beginne und schaffe, so verlischt doch nimmer in ihm sein heiß Geliebtes, in allem findet er dessen Bild und hat es in dem Maße mehr vor Augen, als seine Liebe noch immer mächtiger wird.

Dieser Mensch sucht nicht die Ruhe, denn ihn stört keine Unruhe. Dieser Mensch steht gut bei Gott angeschrieben, weil er alle Dinge göttlich nimmt ... Freilich! dazu gehört Fleiß und Hingabe und scharfe Obacht auf unser Inneres und ein waches Bewußtsein ... Solches kann der Mensch nicht durch Weltflucht lernen, indem er vor den Dingen flieht und sich in die Einsamkeit kehrt von der Außenwelt fort. Sondern er muß eine innere Sammlung lernen, wo und bei wem es auch sei: er muß lernen ... Gleicherweise wie einer, der sich vornimmt, schreiben zu lernen. Soll er ja die Kunst meistern, traun!, so muß er sich viel und oft in dieser Tätigkeit üben, wie sauer und schwer es ihm auch werde und schier unmöglich dünke. Hält er sich nur fleißig herzu, er lernt und gewinnt die Kunst! Freilich! zuerst muß er an jeden Buchstaben einzeln denken und den peinlich in sich vorbilden. Später aber, wenn er die Kunst erst weg hat, dann schreibt er frisch darauf los, seien es Federspiele oder ernstere Geschäfte, die seine Kunst in Anspruch nehmen: für ihn genügt einfach das Bewußtsein, daß er sein Können betätigen will. Und wenn er auch nicht beständig an die Buchstaben denkt, sondern sonst woran, dennoch vollbringt er die Leistungskraft seiner Kunst.

So muß auch der Mensch mit göttlicher Gegenwart leuchten ohne Anstrengung, *nur:* fremder Zutat sich schlechthin entkleiden und der Dinge ledig bleiben. Da gehört anfangs auch solch Darandenken und achtsam sich sammeln zu, wie beim ABC-Schützen für dessen Kunst. Schließlich aber muß der Mensch mit seinem göttlichen Gegenstand durchdrungen und mit seinem ganzen Wesen so in Ihm gewurzelt sein, daß Gott als Gegenwärtiger ihm leuchte ohne alle Mühe.

Wem Gott so gegenwärtig ist in allen Dingen . . . der weiß allein vom wahren Frieden und der nur hat wirklich das Himmelreich. Denn wer zurecht kommen will, dem muß je von zwei Dingen eines geschehen: entweder muß er Gott in seiner Arbeit ergreifen und festhalten lernen, oder muß er Welt und Werke überhaupt lassen! Da nun aber der Mensch in diesem Leben nicht ohne Arbeit bestehen kann, diese vielmehr des Menschen Teil ist und von vielerlei Art, darum so lerne der Mensch, seinen Gott zu haben mitten in den Dingen und ungehindert zu bleiben von Geschäft und Ort“ (Reden der Unterweisung).

Die kleinen Dinge und der Großmut

Schließlich muß man noch hervorheben, daß zum Alltag der uferlose Bereich des Unerheblichen, Unwichtigen und Ruhmlosen gehört, die ganze Welt der kleinen Dinge, während christliche Spiritualität die Sprengung des rein

Menschlichen, Zeitlichen und Irdischen bewirkt und die lebendige Beziehung zum *„Deus, semper maior“* stiftet, der unser Suchen und Finden immer überragt, der höher und größer erscheint als alles, was wir von ihm denken, ahnen, sagen und ersehnen können. Wird das Eine das Andere nicht neutralisieren? Damit das Große das Kleine nicht unterdrücke, damit das Niedrige das Höchste nicht herabsetze, kommt uns die alte *magnanimitas*, die Großmut zu Hilfe, in gewissem Sinn die wichtigste aller Tugenden, denn sowohl die Erhabensten als auch die Bescheidensten brauchen sie zu ihrer Vollendung, und für alle Lieben und alle Leiden auf dieser Welt bedarf es der Seelengröße.

Von dieser Grundhaltung, die nach den höchsten und nur mühsam erreichbaren Gütern greift, redet man in einem Klima unterentwickelter, ja unterdrückter Geistigkeit überhaupt nicht, weil dort uns lauter Kleinmut alles entmythologisiert, entsakralisiert, psychologisiert und verdinglicht wird. Den Flachdenkern, den phantasielosen Horizontalisten, der anthropozentrischen Engstirnigkeit unseres blutarmen Zeitalters riecht Großmut nach verlorenem Kaiserreich, nach Pracht und Prunk endgültig versunkener mittelalterlicher Ritter oder Rokokohoheiten. Aber kein selbstbewußter Christ kann dieses Edelmuts entbehren, ohne die eigene Seele zu verlieren. Denn die Menschenseele ist groß und weit, „irgendwie alles“ *(quodammodo omnia*, sagten die alten Philosophen). Sie ist eine Burg mit vielen Wohnungen, (sagten die christlichen Gelehrten) „höher als der oberste Himmel, tiefer als der Grund des Meeres und weiter als die ganze Welt mit allen Elementen“ (Ruysbroeck) und darum aller Kleinlichkeit, Gebrechlichkeit und Vergänglichkeit wesentlich fremd. Die Großmut ist der Seele eigentümlich, naturgemäß *(connaturalis)*, sie ist die Luft, die sie atmet, wenn sie atmet, sie ist ihre Offenheit nach Innen und nach Außen.

All jene, welche die Seele auf ein Ding reduzieren — auf ein Knäuel von Trieben, auf eine Ausscheidung des Gehirns —: alle Agnostiker, Positivisten und Atheisten vernarren sich deshalb zwangsläufig in ein paar Lappalien an Lust, Ehre und Macht dieser platten und kurzlebigen Welt; sie fürchten sich zwanghaft vor jeder Größe, Höhe und Weite, denn sie glauben, daß das Leben und die Geschichte keinen Sinn haben, was tatsächlich sowohl ihre Verzweiflung bezüglich des Großen als auch ihre unheilbare Herzatrophie erklärt. Dem Gläubigen dagegen erscheinen die Leiden und Ängste (d. h. die Engpässe, „angustias") dieser Welt beinahe belanglos im Vergleich zur künftigen Herrlichkeit (Röm 8,18), zu der er bestimmt wurde und die jetzt schon die Freude des Pilgers riesig und unerschütterlich macht. Daher auch sein Vertrauen gerade auf das Große, das alles durchwaltet. Daher seine Großmut. Die alte *„acedia"* ist jene Traurigkeit des Herzens, die sich das Große nicht zumuten will, zu dem Gott den Menschen berufen hat. (Josef Pieper, Das Viergespann, 1970, S. 176). Alle Dekadentismen besingen die kleinen Dinge, das Heim und das Kerzenlicht. Ihr radikaler Pessimismus zwingt sie, auf hohe Ideale und heroische Abenteuer zu verzichten und sich in Nichtigkeiten zu schaukeln, die man rührselig zu sublimieren versucht — billige Bijouterie in Juwelenverpackung, die erhabene Träne, der ätherische Seufzer, die vergoldete Fadheit, die dörfliche Sentimentalität, der verschnörkelte Kitsch. Die Spießbürgerlichkeit des XIX. Jahrhunderts verbündet sich auf dieser Ebene simpelster Kurzschlüsse heutzutage mit den letzten Aussteigern aus unserer Kultur, die trunken sind von Aufrichtigkeit, Grün und Cocacola. Das Extreme, worin —

nach dem paradoxen Spruch des Thomas von Aquin (S. Th. II-II, q64, a1) — die tugendhafte Mitte der Großmut besteht, erregt logischerweise nicht nur bei Anbetern von Sparschweinen und Sicherheitsgurten aller Art Schüttelfrost und Schwindelgefühl, sondern auch bei alternativ ungewaschenen Popträumern. Alle engen die eigene Seele ein und versinken im Sumpf der Bedeutungslosigkeit.

Nur wer im eigenen Dasein die Weiten der Seele entdeckt, lernt jenes Herrschen, das der wahren Menschheit zu eigen ist. Nur Herren und Herrinnen unterhalten wirklich gute Beziehungen zu allen Menschen, Tieren und Dingen. Das magere Gemüt, knechtisch und kurzatmig, egozentrisch und argwöhnisch aus Kleinmut, erniedrigt und mißbraucht alles, was es berührt, und erreicht weder die Liebe noch die Zärtlichkeit, ja nicht einmal die Sachlichkeit und die Gerechtigkeit (welche bekanntlich nur die „Sympathie" hervorzubringen vermag). Es kann nicht dienen, weil es nicht herrschen kann. „Die Wünsche nicht verringern" — mahnte die Hl. Theresia von Avila ihre Klausurnonnen, welche in puncto Großmut nicht wenigen Weltmännern Unterricht geben könnten. Aber niemand braucht daran Anstoß zu nehmen, denn die Welt weltet, sie ist klein und gebiert nur Kleinigkeiten: man kann von ihr nichts Besseres erwarten und verlangen.

Viel jämmerlicher und schädlicher ist der Mangel an Großmut bei einer christlichen Seele, denn sie sollte wie ein Adler emporsteigen und nicht wie eine Henne im Hühnerstall herumhocken und flattern (Escrivá, Der Weg, Nr. 7). Wie viele Mißverständnisse in bezug auf die Spiritualität des „kleinen Weges", der „geistlichen Kindheit", der Pflege der winzigen Dinge, der Liebe zum Häuslichen und Alltäglichen! Es ist nicht Bösartigkeit oder heilloser Säkularismus, was oft großmütige Menschen von so manchem frommen (frömmlichen!) Milieu fernhält, wo alles pedantisch geordnet, überpünktlich, abgeschnürt, kleinkrämerisch, schüchtern, matt und „letschert" wirkt ... unter dem Vorwand der Demut und der Liebe zu den kleinen Dingen. Atmet man dort die breite Luft des Glaubens, der Berge versetzt, die Hoffnung wider jede Hoffnung, die Torheit der menschgewordenen Gottesliebe, der Armut, die alles verschwendet, des verzehrenden Eifers, der närrischen Keuschheit, in das Absolute verliebt, oder die unstillbare Sehnsucht danach, die ganze Welt bis zum letzten Winkel Gott zu weihen?

Die Dinge sind nichts weniger als Spuren Gottes („*vestigia Dei*"), keine Täuschung, sondern Anspielung („*omnia innuunt*": sie alle deuten an, weisen auf Gott hin) und sie flüstern uns nach Augustinus ins Ohr: „Bleibt nicht bei uns, geht über uns hinaus, überschreitet und übersteigt uns: wir sind es nicht, was ihr sucht". Sie bitten wohl um eine huschende Liebkosung, nicht aber um bleibende Anhänglichkeit. Sie betteln, wie ein Spiegel, daß wir sie immer wieder reinigen, um uns einen Lichtstrahl der göttlichen Unendlichkeit zu schenken. Sie laden nicht ein, uns nach ihrem Maß zu verkleinern, sondern ganz im Gegenteil, uns durch ihren Gebrauch zu erhöhen und zu erweitern, indem wir sie richtig benützen, feinfühlig und präzis berühren, wie ein Sprungbrett zur Transzendenz. Es ist genauso töricht, Geringheiten anzubeten wie sie zu verachten. „Liebst du das Kleine", warnen wir mit Augustinus und Thomas, „so wirst du klein werden, denn die Liebe macht dem Geliebten ähnlich". Diese frömmliche Kurzsichtigkeit, welche das Kleinliche für anmutig verkaufen möchte, und die Gefühlsduselei als geistliche Subtilität vorstellt, vergißt, daß der

Gottessohn selbst „tausend Gnaden ausstreuend — durch all diese Täler *eilends* ging — und, indem Er alles anblickte — durch seine Gegenwart allein —, alles von Seiner Schönheit bekleidet hinterließ" (Johannes vom Kreuz). „Die göttlichen Wege der Erde haben sich geöffnet", sagte der Gründer des Opus Dei zu uns, Pupillen und Herzen unzähliger Gläubigen erweiternd, welche nun wagen, der Berufung zur Heiligkeit — zur heroischen Liebe — mitten auf der Straße und in der täglichen Arbeit zu entsprechen.

Wer in dieser gewaltigen Atmosphäre, die Christus unserer engen und erstickenden Erde geschenkt hat, nicht zu leben weiß, wird nur schmalspurig fahren, alle Tugenden verstellen und nie die Beschaulichkeit erlangen. Die Taufe sät in die Seele — welche, als Gottesbild erschaffen, bereits weit gedehnt ist — das Samenkorn des Lebens Gottes selbst, verleiht uns den Adel und die Größe der Gotteskindschaft und befähigt uns, diese unermeßliche Berufung zur Heiligung des Zeitlichen und Irdischen im Alltag zu realisieren. Die Großmut, die *magnanimitas*, entsteht und gedeiht nur bei Menschen, die sich Stunde für Stunde im unbegrenzten Raum des Gotteswillens bewegen. Denn „dieser ist der Wille Gottes: eure Heiligung" (1 Thes 4,3), und da Gott allein heilig ist, ist das, was sein Wille geheimnisvoll verlangt und lenkt, meine Identifikation mit der Liebe Gottes, und zwar in derselben Rangordnung, wie Gott seine Geschöpfe liebt. Max Scheler hat es in einem berühmten Aufsatz (Ordo amoris) seiner besten Zeiten beschrieben: „Ich befinde mich in einer unermeßlichen Welt sinnlicher und geistiger Objekte, die mein Herz und meine Leidenschaften in eine unaufhörliche Bewegung setzt . . . Ebensosehr die Gegenstände, die mir zur Erkenntnis kommen, wie all das, was ich will, wähle, tue, handle, leiste, ist vom Spiel dieser Bewegung meines Herzens abhängig ... So daß alle Art von Rechtheit oder Falschheit und Verkehrtheit meines Lebens und Treibens davon bestimmt sein wird, ob es mir gelingt, die objektive Rangordnung aller möglichen Liebenswürdigkeiten der Dinge — gemäß ihrem inneren, ihnen zukommenden Werte — ja diesen objektiven Ordo amoris meinem Gemüte einzuprägen. Das ist das Zentralproblem aller Ethik. Die Dinge aber zu lieben möglichst so, wie Gott sie liebt und im eigenen Akt der Liebe das Aufeinandertreffen des göttlichen und des menschlichen Aktes in einem und demselben Punkt der Wertwelt einsichtig mitzuerleben, wäre das Höchste, was der Mensch vermag".

In diesem Leben innerhalb des Liebeswillens Gottes ist alles Groß, gibt es keine Kleinigkeit. Eine große Lektion Josemaría Escrivás in unserer Zeit: „Tut alles aus Liebe. So gibt es keine kleinen Dinge mehr: alles wird groß" (aaO. Nr. 813). Man muß es richtig verstehen: Die Liebe (mit großen Buchstaben, also die Liebe zu Gott!) verleiht Größe, auch wenn das Kleine klein bleibt. „Die großen Seelen achten sehr auf die kleinen Dinge" (aaO. Nr. 818). Entscheidend dabei ist die Seelengröße (die *magnanimitas*), die mit der Liebe Gottes zusammenreimt, wissend das Er nicht alle Dinge gleichmäßig liebt, denn Er macht einige vollkommener als andere (Thomas v. Aquin, S. Th. 1, q20, a3).

Daß wir „durch die Liebe die Prosa des Alltags in epische Dichtung verwandeln" (Escrivá, Christus Begegnen, Nr. 50), offenbart die geistige Macht des Dichters, bedeutet aber nicht, daß Prosa und Gedicht gleichwertig seien, oder daß ein Telefonbuch so schön sei wie Goethes *Faust*, oder eine Rose so poetisch wie eine Waschmaschine.

Und daß schließlich nach Escrivá de Balaguer, ein Christ, der aus dem Glauben lebt, dem mythologischen König

Midas gleicht, welcher alles, was er berührte, in Gold zu verwandeln vermochte (Escrivá, Freunde Gottes, Nr. 308), sagt etwas über die Wundermacht jener königlichen Hände, heißt jedoch keineswegs, daß ein Staubkorn tatsächlich ein Golddukaten ist. Der Menschengeist, setzt, vom Heiligen Geist befruchtet, das Wunder der Leibwerdung fort, reißt in seinem Schwung alles Kleine und Materielle mit und bekleidet es mit seinem Licht und seiner Schönheit. Das Kleine ist klein (die Geringfügigkeit des menschlichen Seins und Wirkens), aber wer im Kleinen treu lebt, kann sehr groß sein (die Größe desjenigen, der mit dem Sein und dem unaufhörlichen Wirken Gottes verbunden ist und wirkt)[3]. Die Großmut soll also sorgfältig und mit Vorrang täglich gepflegt werden, persönlich und gemeinschaftlich. Sonst artet das Streben nach Vollkommenheit in neurotischen Perfektionismus aus, versandet das innere Leben in Spitzfindigkeit und Kleinmut, und wird das universale, katholische Unternehmen zu einer Clique oder Sekte.
Gott suchen in allen Dingen, ohne in diesen stecken zu bleiben. Wenn im Mittelpunkt der Seele die lebendige Liebesflamme des einzig Notwendigen brennt und jeder in der eigenen persönlichen und sozialen Rolle verwurzelt lebt, hat man keine übergeistige Verflüchtigung, keine desinkarnierte Idealisierung zu fürchten, denn genau dort und dann vollzieht sich die Vereinigung mit dem Sohn Gottes, der „die Himmel herabbeugt und heruntersteigt" (Ps 17,10), Fleisch meines Fleisches wird und in mir und durch mich die Alltäglichkeit erlebt (Gal 2,20). Nur der gelebte Primat der Beschaulichkeit läßt uns die Logik und die Kunst der Leibwerdung mitvollziehen, die alles erlöst, erhöht und vergöttlicht.

Großmütige erreichen damit, ohne es direkt zu beabsichtigen, eine unglaubliche Fähigkeit, Leiden zu ertragen, eine außergewöhnliche Unermüdlichkeit in ihren Bemühungen, eine Bereitschaft zur Umarmung des Kreuzes ohne Konzessionen der Ablenkung, der Narkose und der faulen Tröstungen, sowie eine gelassene Heiterkeit, die weder die Ambitionen noch die Dürftigkeiten, weder die Enttäuschungen noch die Sorgen dieses Lebens trüben können . . . ja, dieses Lebens, das Miliz und zugleich Komödie ist, Bild und gleichzeitig Schatten des ewigen Lebens. Daher kommt es, daß der Großmütige demütig bleibt, daß sein Heroismus auf Großspurigkeit, Angeberei und Schwülstigkeit zu verzichten weiß. Er sucht nicht Trommel- und Trompetenruhm, sondern die höchsten Güter, wenn möglich ohne aufzufallen, ohne den Nächsten durch blendende und entmutigende Beispielhaftigkeit zu deprimieren. Seine Leidenschaft für das Hervorragende ist nicht emphatisch. Er kann sich keine Größe vorstellen, die sich nicht in Schönheit offenbart. Und all dies erscheint bei ihm ausgewogen im Charme der Selbstverständlichkeit. Er übertreibt nie, er macht von Stelzen, Kursivschrift und Fistelstimme keinen Gebrauch, weil „das Hochtrabende Verschwendung der Wertschätzung ist und dieses mangelhaftes Wissen und dubiösen Geschmack verrät“ (Baltasar Gracián). Es war jener Edelmann der Heiligkeit, Franz von Sales, der einem rechtschaffenen Christen empfohlen hat: „Aus Haltung und Schönheit schaffe man sich eine Hülle, durch welche das wahrhaft Ernste zurückgehalten, nicht zur Schau getragen, nicht durch den Alltag abgenutzt werde“.

Und schließen wir mit einem Wort eines anderen Großen, der zwar nicht heiliggesprochen wurde, aber ein guter, gläubiger Christ und Berater von drei österreichischen Kaisern gewesen ist, des Prinzen Eugen an seine Offiziere: „Meine Herren, Sie haben nur eine Lebensberechtigung, wenn Sie beständig auch in der größten Gefahr als Beispiel wirken, *aber* in so leichter und heiterer Weise, daß es ihnen niemand zum Vorwurf machen kann". Ohne diese Prise Selbstironie, welche die wahre Geistesfreiheit allem entgegenbringt, was nicht „das Eine Notwendige" ist, gibt es keine Seelengröße. Wenigstens erreicht diese Tugend sonst nicht den ihr eigentümlichen Stil, denn die christliche Großmut, die so menschlich ist, und dadurch die göttliche Größe gleichsam ständig vor Augen hat, kann sich selbst nie zu ernst nehmen.

Anmerkungen:

1 C'est le régard qui manque à la lumiére (Amrot-Dumont) Paris 1956, S. 239 f.

2 Siehe z. B.: Freunde Gottes, Adams-Verlag, Köln, 1979, Nr. 67, 149, 247, 307-308.

3 Deus, per quem nos res minutae non minuunt, Augustinus, Soliloquia liber 1, cap. 1.

Gerhard van Kaick, Heidelberg

Heiligung der Arbeit — Gedanken aus der Sicht des Laien

Anstelle einer Einleitung seien zwei Anmerkungen vorangestellt:
1. möchte ich darauf hinweisen, daß ich weder Theologe noch Volkswirtschaftler bin;
2. muß ich Ihnen gestehen, daß ich etwas befangen bin, über dieses Thema zu sprechen: Heiligung der Arbeit, — darüber spricht man nicht, das tut man!
So verstehen Sie bitte meine Äußerungen in dem Sinne, daß aus einer sicherlich begrenzten Perspektive einige Probleme angesprochen werden, die sich im Zusammenhang mit diesem Thema ergeben. Wir wollen dabei einer Untergliederung in drei Teilen folgen:
I. Allgemeine Überlegungen zur Arbeit;
II. Der Mensch im Arbeitsvollzug;
III. Die Gottbezogenheit der Arbeit.

I. *Allgemeine Überlegungen zur Arbeit*

Der Begriff der Arbeit ist heute stark eingeengt auf Berufsarbeit, Lohnarbeit, meß- und prüfbare Arbeit. Es ist amüsant und zugleich nachdenklich stimmend, wenn man die physikalischen Begriffe der Arbeit auf den Menschen überträgt. So wird Arbeit u. a. definiert als „Leistung mal Zeit". Zeit läßt sich messen; menschliche Leistung ist dagegen wesentlich schwieriger zu beurteilen. Es ist verständlich, daß die Arbeit in der Regel nach der aufgewandten Zeit bezahlt wird und weniger danach, was in diesem Zeitraum geleistet wurde.

Physikalisch gesehen ist Arbeit auch „Kraft mal Weg“; eine Kraft, die über eine bestimmte Wegstrecke wirkt. Es wollte mir als Schüler schwer einleuchten, daß ein Mann, der eine Stunde lang vergeblich versucht hat, einen kleinen Baum mit den Händen aus dem Boden heraus zuziehen, physikalisch gesehen keine Arbeit geleistet hätte; er hat zwar Kraft aufgewandt, aber „nichts bewegt“. Vom Ansatz her gesehen war das Handeln des betreffenden Mannes falsch; man wird ihm jedoch zubilligen müssen, daß er eine Stunde lang hart gearbeitet hat. In diesem Zusammenhang denke ich auch an komplizierte menschliche Anstrengungen, z. B. die eines Wissenschaftlers, der mehrere Jahre in einer bestimmten Richtung geforscht hat, ohne das Forschungsziel zu erreichen. Von außen gesehen hatte er keinen Erfolg, nichts „geleistet“; dennoch Jahre intensiver Arbeit!

Arbeit, die nicht meß- und wägbar ist, umschreibt die Aussage, daß jemand „an sich selbst arbeitet“.

Ein weiteres Beispiel der Einengung des Arbeitsbegriffes auf „Lohnarbeit“ kommt in der Formulierung zum Ausdruck: Der Vater geht zur Arbeit, die Mutter nicht, auch wenn sie einen Haushalt mit fünf Kindern versorgt!

Diese fragmentarischen Überlegungen sollen erkennen lassen, daß der Begriff „Arbeit“, nur bezogen auf Berufsarbeit und Arbeitsleistung, für unsere Thematik zu eng gefaßt wäre. Der Pensionär, der seine Enkelkinder hütet; der Arbeitslose, der seiner Frau im Haushalt hilft; der Schüler bei seinen Hausaufgaben; — sie alle arbeiten, wenn auch nicht gegen Lohn und auch ohne wäg- und prüfbare Ergebnisse. Zweifellos ist der Mensch durch die jeweiligen Bedingungen in der Regel gezwungen, irgendetwas zu arbeiten. Aber das

Beispiel von vielen Menschen, die mehr arbeiten als sie müssen, oder die tätig sind ohne die äußere Notwendigkeit des Mittelerwerbes, zeigt, daß die Arbeit nicht nur eine Folge der Lebensbedingungen ist, sondern irgendwie zum Wesen des Menschen gehört.

Der Mensch, der sich durch seine Arbeit für etwas Gutes anstrengt, — in der Regel und in erster Linie ist das der Lebensunterhalt für die Familie —, oder für eine Aufgabe Verantwortung übernimmt, stellt sich damit in einen Sinnbezug, der ihm eine innere Zufriedenheit vermittelt und als Person reifen läßt.

Dieser Aspekt der Arbeit wird auch in der Enzyklika *Laborem Exercens* an mehreren Stellen zum Ausdruck gebracht: „Die Kirche ist überzeugt, daß die Arbeit eine fundamentale Dimension der Existenz des Menschen auf Erden darstellt." — „Die Würde der Arbeit wurzelt zutiefst nicht in ihrer objektiven, sondern in ihrer subjektiven Dimension." — „Zweck der Arbeit, jeder vom Menschen verrichten Arbeit — gelte sie auch in der allgemeinen Wertschätzung als niedrigste Dienstleistung, als völlig monotone, ja als geächtete Arbeit, — bleibt letztlich immer der Mensch selbst."

Escrivá de Balaguer, der Gründer des Opus Dei, hat auf die Bedeutung der Arbeit für das Heil des Menschen während seines ganzen priesterlichen Lebens hingewiesen: „Es wird Zeit für uns Christen, laut und deutlich zu verkünden, daß die Arbeit eine Gabe Gottes ist. Die Arbeit — jede Arbeit — zeugt von der Würde des Menschen und seiner Herrschaft über die Schöpfung. Sie ist ein Feld, auf dem wir unsere Persönlichkeit entwickeln. Sie verbindet uns mit anderen Menschen, sie schafft die Mittel zum Unterhalt der eigenen Familie, sie läßt uns mithelfen an der Verbesserung der gesellschaftlichen Bedingungen und am Fortschritt der ganzen Menschheit."

Bei unseren Überlegungen sollen nicht die negativen Seiten der Arbeit vergessen werden: die schwere, harte, stumpfsinnige oder erniedrigende Arbeit; die ungerechte Entlohnung; die Arbeit unter Zwang; — die ganze Palette der menschlichen Ungerechtigkeiten im Bezug zur Arbeit.

Unabhängig davon wird jede Arbeit, — auch die interessante oder begehrte bei ständiger Beanspruchung durch die Aufgabe irgendwann zur Last. Wenn auch das Arbeiten zum Wesen des Menschen gehört, so ist es ihm dennoch nicht so angeboren, daß er es triebhaft tun müßte. Die Arbeit ist daher stets auch mit Anstrengung, Überwindung und Mühsal verbunden, sei es durch die innere Verpflichtung des Wollens oder den äußeren Druck des Sollens. „Sie bringt Ermüdung, Mühsal, Erschöpfung mit sich: Äußerungen des Schmerzes und des Kampfes, die einen Teil unseres gegenwärtigen Lebens ausmachen und Zeichen der Wirklichkeit der Sünde und der Notwendigkeit der Erlösung sind. Aber die Arbeit an sich ist weder Leid noch Fluch, noch Strafe." (Escrivá)

In der Arbeit kommt auch die Annahme der Welt als Schöpfung zum Ausdruck; einen Sinn darin zu sehen, in dieser Welt „mitzuwirken", sie zu verbessern, sie durch Erfindungen zu nutzen, sie zu verschönern, ihre Gesetze zu entdecken.

Das Gegenteil wäre eine fatalistische und negativistische Grundhaltung, die davon ausgeht, daß alles Arbeiten des Menschen keinen eigentlichen Sinn hat, ja vielleicht nur Unsinn und Zerstörung hervorruft. Man muß diese Meinung heutzutage besonders ernstnehmen, da die Welt und die Natur durch den Menschen — seine Arbeit — mehr und mehr bedroht wird. Mitarbeit und Mitherrschaft in der Welt bedeuten auch Mitverantwortung für die Welt. So gesehen ist gerade der Christ aufgefordert, alle menschlichen Eingriffe in die Natur und die Lebensbedingungen des Menschen wachsam zu verfolgen und zu prüfen; ist er doch nicht zum Raubbau und zur Zerstörung bestellt, sondern als Abbild des Schöpfers eingesetzt, den Garten Eden zu bebauen und zu behüten.

II. *Der Mensch im Arbeitsvollzug*

Notwendig für jede Arbeit ist es vor allem, gut zu arbeiten. Dazu sind Kenntnisse und Ausbildung erforderlich. Das bedeutet: lernen — jahrelang, lebenslang — praktisch und theoretisch. Lernen bringt nicht immer die gleichen Ergebnisse hervor. Die Fähigkeiten sind verschieden. Eine Minderbegabung kann zur Resignation, ja zur stillen Anklage gegen die Eltern und gegen Gott führen. Hier öffnet sich ein Feld der Demut. Die Anerkennung seiner Schwächen: ich danke Dir, Gott, für das Wenige, das ich vermag! Aber bei dieser Haltung, verbunden mit Fleiß, Einsatz und Ausdauer, vollziehen sich oft fast wunderbar zu nennende Entwicklungen im Menschen, wenn aus Schwäche Stärke wird. Und umgekehrt fallen ohne Selbstkritik und Demut viele Menschen irgendwann über ihre außerordentlichen Fähigkeiten; zum Beispiel kann der begabte Redner zum hohlen Schwätzer werden.

Es muß klar gesagt werden, daß der Drang nach mehr Kenntnissen, besserer Ausbildung, verbunden mit einem gesunden Ehrgeiz durchaus rechtens ist; auch das Bemühen, das berufliche Ansehen zu heben und damit den sozialen Status der Familie zu verbessern. Nur ist es oft schmerzlich zu sehen, wie der Mensch auf der Höhe des Erfolges ver-

gißt, wofür er seine Anstrengungen ursprünglich unternommen hat, und schlußendlich das Erreichte nur noch der eigenen Selbstsucht dient.
Die unterschiedlichen Fähigkeiten werfen auch manche Probleme bei der Zusammenarbeit der Menschen auf. Die Ungleichheit ist eher die Regel als die Ausnahme; da gibt es schnelle und langsame Arbeiter; rasch erfassende und andere, denen man alles mehrmals erklären muß; auch Belastete durch Krankheit oder familiäre Probleme. Sie sind am Arbeitsplatz eine Gegebenheit und müssen von den anderen mitgetragen werden. Hier bieten sich Gelegenheiten zur Geduld und Nachsicht, zu unauffälligem Helfen, aber auch gelegentlich zu ermahnendem Zuspruch.
Auf der anderen Seite gibt es die Begabten, die „Renner", die allen davonlaufen; sie sollen gefördert werden — Gleichmacherei ist schädlich für alle. Aber dennoch muß um die Solidarität gerungen werden. Begabung, die nur zu selbstherrlicher Arroganz führt, zerstört jede Arbeitsgemeinschaft.
Zusammenarbeiten bedeutet immer auch teilen, sowohl der Arbeit als auch von Lohn und Ehre. Allerdings gilt allzuoft der Grundsatz die Arbeit für die anderen, Lohn und Ehre für mich! Sich selbst die leichteren, angenehmen Tätigkeiten herauszusuchen und vor den unangenehmeren sich zu drücken, gehört zu den Problemen der Zusammenarbeit.
Ein wichtiger Punkt ist die *Freude* bei der Arbeit; viele Menschen können es nicht lassen, die Arbeit mit Jammern, Klagen und Nörgeln zu begleiten, so daß allen Mitarbeitenden die Lust an der Arbeit vergeht. Das Schlimmste in diesem Zusammenhang ist die üble Nachrede.
In der Zusammenarbeit gibt es schwierige und sympathische Mitarbeiter. Bei den Schwierigen hilft oft der Satz wei-

ter: „Denke, er heiligt mich"! Sie müssen täglich mit neuer Geduld ertragen werden.

Fast noch problematischer sind u. U. die „netten" Mitarbeiter. Man versteht sich so gut, daß daraus schnell eine Abkapselung, ja eine Cliquenwirtschaft entstehen kann. Seine eigenen Fähigkeiten zur guten Zusammenarbeit sollte man außerdem nicht gerade bei der jungen, hübschen Sekretärin unter Beweis stellen.

Die hierarchischen Strukturen spielen bei der Zusammenarbeit ebenfalls eine Rolle — leider oft entsprechend dem eigennützigen Prinzip: nach oben freundlich, nach unten hart.

Feinde — zumindest unfreundlich oder feindlich Gesinnte — gibt es auch in unserer Arbeitsumwelt. Wenn man sie schon nicht lieben kann, sollte man wenigstens fair bleiben! Aber mit Klugheit und Vorsicht. Man erweist dem böswilligen Kollegen auch für sein inneres Leben keinen Gefallen, wenn man die Rolle des gutmütigen, einfältigen Trottels übernimmt.

Für jede Zusammenarbeit der Menschen untereinander gilt, daß das Kreuzeszeichen ein Pluszeichen ist — es soll verbinden und Positives erzeugen.

Zusammenarbeit erfordert auch Ordnung — vor allem in der Zeit und im Raum: Arbeiten termingerecht beginnen oder abschließen; auch eine Arbeit konsequent durchführen, ohne dabei abzuschweifen. Wir lassen uns gerne ablenken, Konzentration erfordert Kraft! Überwindung kosten nicht selten schwierige Aufgaben, die man gern vor sich her schiebt. Ordnung in der Zeit kann auch heißen, eine Arbeit zu unterbrechen, wenn eine wichtigere andere Aufgabe ansteht. Die räumliche und zeitliche Ordnung führt zu einem überlegten und effektiven Handeln und kann eine innere

Ruhe bewirken — um die man sich jedoch täglich bemühen muß.

Im Zusammenhang mit der zeitlichen Ordnung ist auch das Verhältnis zur eigenen Familie zu bedenken. Es gibt die sogenannten Arbeitswütigen, im anglo-amerikanischen Sprachgebrauch „workoholics" genannt. Ihnen geht die Arbeit über alles; sie vernachlässigen dabei ihre Familie und die sonstigen Lebensbezüge. Die Zeit für die Familie ist sehr ernst zu nehmen. War der Arbeitstag lang und man kommt viel später als versprochen nach Hause, dann ist es gestattet, an das Wunder der Brotvermehrung zu denken; denn es gibt auch eine wunderbare Zeitvermehrung! Wenn man sich in dem durchaus berechtigten „reuigen" Bewußtsein, zu lange der Familie fern gewesen zu sein, besonders bemüht — auch wenn man eigentlich müde ist — gute Laune zu haben, mit jedem Familienmitglied zu sprechen, nach Tageserlebnissen und Problemen zu fragen, dann scheint die Zeit manchmal fast stehenzubleiben.

Ich möchte diesen Abschnitt beschließen mit einer Überlegung von Escrivá über die Zusammenbindung der „Qualität des Machens" mit dem „Ethos des Machers". Diese „berufliche Kultur" ist für jeden Berufszweig verschieden. Es geht darum, für die Erfüllung der jeweiligen Aufgaben, die der Berufung eines jeden gemäß sind, die notwendige Kultur zu erwerben. Dies gilt auch oder besonders für den Priester.

III. *Die Gottbezogenheit der Arbeit*

Nach allgemein verbreiteter Ansicht arbeiten Priester und Ordensleute für Gott; der Laie hingegen arbeitet für den Lebensunterhalt seiner Familie, seine Karriere und seine soziale Stellung. Jedoch der Auftrag: „Macht euch die Erde untertan und seid vollkommen wie euer Vater im Himmel vollkommen ist" — dieser erste Aufruf zur Heiligung der Arbeit gilt für alle!

Die ursprüngliche Nähe des Menschen zu Gott, dieser paradiesische Zustand, ging verloren. Es war und ist das eigentliche Ziel des Entzweiers, des Teufels, die Beziehung zwischen Mensch und Gott zu stören. Das Leben in der Gotteskindschaft erfordert Anstrengung, Hingabe und Öffnung für die Gnade Gottes. Im Bezug auf die Arbeit bedeutet es, so zu arbeiten, als würde Gott ständig zuschauen oder als würde man die Arbeit für Gott verrichten. Dies ist der Weg zur Heiligung jeder menschlich vertretbaren Arbeit.

Wie aber kann das verwirklicht werden? Entscheidend ist die persönliche, tägliche, ja immerwährende Besinnung auf die Gegenwart Gottes, die den Menschen ganz durchdringen sollte.

Die Beziehung des Menschen zu Gott ist heute sehr oft zusammengeschrumpft auf eine feierliche Stunde am Sonntag. In der übrigen Zeit weiß man sich anderen Geboten verpflichtet, welche aus den zum Teil harten Bedingungen des Lebens erwachsen: Leistung, Durchsetzung und Kampf. Man muß seine Gedanken und Kräfte zusammennehmen; „künstlich" nebenher an Gott zu denken, bedeutet für viele Menschen eine scheinbare „Aufspaltung" ihrer personalen Kräfte.

Zudem wird dem einzelnen Menschen mit fast erdrückender Beweiskraft vor Augen geführt, daß der Mensch auch ohne Bezug zu Gott erfolgreich leben kann. Es erwartet ihn kein sichtbares Strafgericht, wenn er Gottes Geboten untreu wird. Und dennoch — es ist wie bei der Entstehung der Krebskrankheit — beständige geringgradige Noxen führen irgendwann zur irreversiblen Umwandlung von gesunden Zellen in Krebszellen. In dieser Zeit, in der das geschieht, fühlt sich der Betroffene meist völlig gesund; die Krankheit wird erst nach Jahren in schrecklicher Weise manifest.

Soll der Laie das Gebot der Heiligung der Arbeit erfüllen, dann stellt sich dem Seelsorger die ganz ursprüngliche Aufgabe — nicht zu verwalten und zu organisieren — sich um die Seelen der ihm Anvertrauten zu sorgen. Es genügt nicht, nur zu mahnen: Heilige deine Arbeit, lebe in der Gegenwart Gottes! Es müssen auch konkrete Hilfsmittel angeboten werden. Das wichtigste ist das Gespräch, das perönliche Gespräch unter vier Augen über alle bedrängenden Probleme, auch die scheinbar kleinen; über die ständigen Korrekturen. Die Aussprache mit dem Priester sowie das Beichtgespräch haben auch präventiven Charakter; man soll sich nicht erst dann um ein gesundes Leben bemühen, wenn es bereits „krank" ist.

Konkret geht es um die Materialisierung des geistlichen Lebens: Tagesplan, Nutzung der Zeit, Zeit für Gott, Zeit für die Familie, Zeit für den Beruf; auch beständiges Ringen um diese zeitlichen Einteilungen; die Gegenwart Gottes immer wieder erneuern durch Stoßgebete, kleine Verzichte, Überwindungen; ein täglicher Kampf um die *geordnete Liebe!*

Der Druck des Alltags, die unvermeidlichen Rückschläge und das nie ausbleibende Kreuz der Arbeit — sie erfordern die geistliche Hilfe und Führung; die Ermutigung zum ständigen Wiederbeginnen. Es geht dabei nicht um Außerordentliches, Märtyrerhaftes, sondern um die christliche Normalität im Alltag.

Es ist ein fast tragischer Irrtum unserer Tage, daß der moderne Laie die Sakristei stürmt, und der Priester sich in laikale Aufgaben drängt (Berglar). Der Laie — in seiner

Familie, bei seiner Arbeit und in seinen bürgerlichen Funktionen — ist wesentlicher Teil der Kirche. Der Priester soll ihm dabei helfen, als Christ zu leben. Sit venia verbo, er soll sein wie der Trainer einer Fußballmannschaft: Er ist nicht bestellt, die Tore zu schießen, aber von ihm hängt es ab, ob die Mannschaft gut oder schlecht spielt.

Es ist eine große Verführung zu glauben, wir leben in einem christlichen Abendland; vielmehr erleben wir eine weitgehend pseudochristliche, „neuheidnische", materialistische Umwelt. Der Laie braucht, um bestehen zu können, christliche Ausbildung, Wissen, inneres Leben und ständigen Umgang mit Gott.

Aus der Gegenwart Gottes, der Kindschaft Gottes, fließt das christliche Apostolat wie von selbst hervor. Allerdings bleibt nicht aus, daß sich in der Konfrontation die Geister scheiden. Auch Mut ist gefordert zum Bekenntnis, und die Bereitschaft, Demütigungen, Zurücksetzungen und Verleumdungen zu ertragen.

In der menschlichen Arbeit findet der Mensch einen kleinen Teil des Kreuzes Christi, heißt es in der *Enzyklika Laborem Exercens.* Es gibt keine Heiligkeit ohne das Kreuz, ohne Überwindung; aber der echte Opfergeist zeigt sich in der Beharrlichkeit. Schließlich müssen wir darauf achten, daß wir uns nicht zu Helden der Arbeit hochstilisieren. Es geht für uns um den Wert des einfachen, arbeitsreichen Lebens — wie das Leben Josefs und Mariens — vor Gott und in der vollkommenen Erfüllung des göttlichen Willens.

Literatur

1. Johannes Paul II: Enzyklika Laborem Exercens, Bonn 1981, S. 14/15.
2. Josemaría Escrivá de Balaguer: Christus Begegnen, Köln 1977, S. 123.
3. ebd. S. 123.
4. Peter Berglar: Opus Dei, Otto-Müller-Verlag, Salzburg, 1983, S. 9.

Die Autoren:

Dr. phil. KLAUS M. BECKER, geboren 1933 in Bonn; Studium der Kunstgeschichte, Philosophie und Theologie (Rom); wissenschaftl. Assistent und Lehrauftrag an der Universität Navarra im Fachbereich Philosophie; 1963 Priesterweihe, seitdem in der Studenten- und Priesterseelsorge sowie der Erwachsenenbildung tätig; vier Jahre Spiritual am Essener Priesterseminar; z.Zt. u.a. Defensor im Erzbischöfl. Offizialat Köln; mehrere Buchveröffentlichungen sowie zahlreiche Aufsätze in internationalen Fachzeitschriften zu Fragen der Ethik, der Pastoral und der Spiritualität; Hrsg. der Reihe *Sinn und Sendung*.

Professor Dr. med. GERHARD VAN KAICK, geboren 1935 in Karlsruhe; Studium der Medizin in Heidelberg; Staatsexamen 1961, Promotion 1962. Als Arzt entfaltete er seine Tätigkeit auf den Gebieten der Inneren Medizin, Pathologie und Radiologie; Facharzt für Innere Medizin 1972; Habilitation 1977. Seit 1978 Professor und Leiter der Abteilung für „Onkologische Diagnostik" im Deutschen Krebsforschungs-Zentrum, Heidelberg. Zahlreiche Veröffentlichungen wissenschaftlicher Arbeiten liegen vor auf den Gebieten der Angiographie, Ultraschalldiagnostik, Computertomographie und über Spätschädigungen nach chronischer Strahlenexposition. Professor van Kaick ist verheiratet und hat zwei Kinder.

Prälat Professor Dr. theol. LEO SCHEFFCZYK, geboren 1920 in Beuthen; Studium der Philosophie und Theologie in Breslau, München und Freising. Er wurde 1950 promoviert und habilitierte sich 1957 in München. Er war von 1957 bis 1959 Professor für Dogmatik in Königstein, von 1959 bis 1965 in Tübingen und hat seit 1965 den ordentlichen Lehrstuhl für Dogmatik an der Universität München inne. Papst Johannes Paul II. ernannte ihn zum päpstlichen Hausprälaten und berief ihn zum ordentlichen Mitglied der Päpstlichen Akademie der Theologie. Der Herausgeber der *Münchener Theologischen Zeitschrift*, die er viele Jahre betreute, wurde international bekannt durch zahlreiche wissenschaftliche Publikationen. Einige seiner Werke seien besonders erwähnt: Mariologie der Karolingerzeit (1959); Schöpfung und Vorsehung (1963); Von der Heilsmacht des Wortes (1966); Der Eine und Dreifaltige Gott (1968); Grundzüge einer dogmatischen Hermeneutik (1973); Gottloser Gottesglaube? — Grenzen und Überwindung der nichttheistischen Theologie /1974); Einführung in die Schöpfungslehre (1975); Auferstehung, Prinzip christlichen Glaubens (1976); Katholische Glaubenswelt — Wahrheit und Gestalt (1977); Maria Leitbild des Christen (1977); Schwerpunkte des Glaubens (1977); Die Theologie und die Wissenschaften (1979); Christusglaube und Christusverehrung (mit anderen Autoren) (1982).

Pfarrer Dr. med. Dr. theol. JOHANNES B. TORELLO, geboren 1920 in Barcelona. Studium der Medizin und Psychiatrie in Barcelona, der Philosophie und Theologie in Rom. Priesterweihe 1948. Seither intensiv in der Seelsorge, der Studenten-, Erwachsenen- und Priesterbildung tätig. Er war vierzehn Jahre lang Seelsorger und

Dozent in Italien, Spiritual des Priesterseminars und Professor der Universität Palermo. Er hält bis heute engen Kontakt zur Psychotherapie, deren Forschung er u.a. mehrere Jahre in Zürich widmete. Er ist österreichischer Staatsangehöriger und lebt heute als Pfarrer von Sankt Peter in Wien.

Torelló hat zahlreiche wissenschaftliche Einzelstudien veröffentlicht, sowie Beiträge zu Fragen der Pastoral und Spiritualität, vor allem in Zeitschriften wie „Analyse", „Studi Cattolici", „La Table Ronde", „Nuestro Tiempo", „Scripta Theologica", „Palabra", „Lebendige Seelsorge" usw. Von seinen Büchern fand vor allem „Psychoanalyse und Beichte" große Beachtung; es wurde in mehrere Sprachen übersetzt.

Reihe SINN UND SENDUNG

Nach Sinn wird wieder gefragt, wenngleich die danach fragen, nicht selten von der Angst gepeinigt werden, das Dasein könnte vergeblich sein. Wenn solcher Art Skepsis die Frage durchbricht und Stil einer Epoche wird, erlischt ihr Wille zum Leben.
Sinn heißt Weg und Spur, Bahn, auf die wir gesandt sind zu sein, die wir sein können. Sinn widerspricht jeder Aporie. Sinn ist mit dem Sein selbst gegeben.
Weder zufällig noch unverantwortlich sind wir unterwegs; wir sind gesandt wie Boten mit bestimmtem Auftrag: Verwalter der Welt – nicht Schöpfer! Verwalter des Heils – nicht Stifter! Und also in Dienst genommen und Verantwortung schuldig dem Schöpfer der Welt, dem Stifter des Heils!
SINN UND SENDUNG, die Gott uns zutraut, deutlicher sehen, froher begreifen zu wollen, ist Inhalt der Schriften dieser Reihe, die Klaus M. Becker herausgibt im Verlag Wort und Werk:

Band 1: Johannes M. Gijsen / Franz Hengsbach / Hans Thomas
STÄRKE DEINE BRÜDER
– Forderungen an den Priester –
104 Seiten, DM 5,40

Band 2: Klaus M. Becker / German Rovira
AUS DEN MENSCHEN GENOMMEN
– Berufung und geistliches Leben des Priesters –
108 Seiten, DM 5,40

Band 3: Klaus Dick / Johannes Rathofer /
Leo Scheffczyk / Johannes B. Torelló
ERNEUERUNG DURCH BUSSE
136 Seiten, DM 5,40

Band 4: Klaus M. Becker
ZU WEM SOLLEN WIR GEHEN?
– Eine Besinnung auf den Glauben an die Eucharistie –
72 Seiten, DM 5,40

Band 5: Kardinal Karol Wojtyla
MUT ZUM GLAUBEN
100 Seiten, DM 5,40

Band 6: Leo Scheffczyk / Heinrich Schlier / Theodor Schnitzler
GOTT DER HEILIGE UND DAS HEIL
120 Seiten, DM 5,40

Band 8: Armand Ory
AUFERSTANDEN AM DRITTEN TAG
124 Seiten, DM 9,60

Band 9: Johannes Paul II.
WISSEN IM GLANZ DER WAHRHEIT
152 Seiten, DM 5,40

Band 10: Leo Elders / Fernando Inciarte / Pedro Rodriguez:
Vorwort Kardinal Joesph Höffner
DIE PERSON IM ANSPRUCH SITTLICHER NORMEN
148 Seiten, DM 5,40

Band 12: Kardinal Joseph Höffner / Martine Liminski
Henri van Straelen / Johannes Vilar
ZIVILISATION DER LIEBE
– Perspektiven der Moral –
154 Seiten, DM 9,60

Band 16: Josef Auda / Walter Brandmüller /
Georg Cervós-Navarro / Klaus M. Becker
IN GEIST UND WAHRHEIT –
ASPEKTE DER SPIRITUALITÄT
156 Seiten, DM 11,60

Die Reihe wird fortgesetzt.